1 Ei – 50 Rezepte

AUTORIN: BETTINA MATTHAEI | FOTOS: WOLFGANG SCHARDT

Praxistipps

Extra

Rezepte

Stempelaufdruck

Ei trennen

Ei anpieksen

Basics rund ums Ei

Größen und Gewichte

Eier kommen nach Größen sortiert in den Handel. Größe S ist ein kleines Ei mit weniger als 53 Gramm, Größe M dagegen ist mittelgroß und wiegt 53–63 Gramm. Eier der Größe L sind groß mit 63–73 Gramm, XL-Eier sind sehr groß und schwerer als 73 Gramm. Dabei entfallen etwa 10 % des Gewichtes auf die Schale, 30 % aufs Eigelb und 60 % auf das Eiweiß. Wenn nicht anders angegeben, werden in den Rezepten M-Eier verwendet.

Was bedeuten die Zahlen?

In der EU bekommt jedes Ei einen Stempelaufdruck – ausgenommen von dieser Deklaration sind Eier auf Wochenmärkten und von Direkt-Lieferanten. Die erste Ziffer gibt Auskunft über die Erzeugung: 0 = Ökologische Erzeugung, 1 = Freilandhaltung, 2 = Bodenhaltung. Das anschließende Buchstaben-Kürzel weist auf das Ursprungsland hin (z. B. DE für Deutschland). Von den anschließenden Zahlen weisen die ersten beiden auf das jeweilige Bundesland hin, die restlichen auf den Legebetrieb.

Eier aufbewahren

Stellen Sie Eier am besten gleich nach dem Einkauf in den Kühlschrank – entweder in das dafür vorgesehene Fach in der Kühlschranktüre oder im Eierkarton. Denn die Vermehrung möglicher Keime auf der Schale wird bei (Kühlschrank)-Temperaturen von 4°–8° deutlich verlangsamt.

Achten Sie darauf, dass die Eier mit der Spitze nach unten im Karton oder Eierfach im Kühlschrank stehen, damit der Eidotter nicht an der Luftblase am runden Ende haftet. Bei frisch aufgeschlagenen Eiern spielt das keine Rolle, bei hart gekochten, längs aufgeschnittenen Eiern schon. Es ist optisch schöner, wenn das Eigelb in der Mitte liegt.

Wegen der porösen Schale nehmen Eier leicht Fremdgerüche an. Vermeiden Sie deshalb die Nähe von zu stark riechenden Lebensmitteln wie Käse oder Knoblauch. Außerdem bietet der Eierkarton einen zusätzlichen Schutz vor Fremdgerüchen.

Vorsicht Salmonellen!

Salmonellen befinden sich ausschließlich auf der Außenseite der Schale. Vermeiden Sie, dass diese ins Innere des Eis gelangen. Kaufen Sie nur intakte Eier, die weder Risse noch Bruchstellen aufweisen. Auch einfache Hygienemaßnahmen bieten Sicherheit. So ist heißes Abwaschen direkt vor der Verarbeitung sinnvoll, ebenso gründliches Händewaschen vor und nach der Verarbeitung von rohen Eiern. Wer sehr empfindlich ist, kann die Eier vor der Zubereitung einer Mayonnaise erst ca. 10 Sek. in kochendes Wasser legen und danach kalt abschrecken. Salmonellen überstehen Temperaturen von über 70° nicht. Versuchen Sie deshalb, Eier ausreichend zu erhitzen. Dabei ist ein Küchenthermometer hilfreich, vor allem bei Saucen, die über dem Wasserbad aufgeschlagen werden.

Richtig aufschlagen

Dafür jedes Ei einzeln in der Mitte der Längsseite auf eine Kante schlagen, beispielsweise auf einen Schüsselrand. Dabei entstehen ein Riss und eine kleine eingedrückte Stelle in der Schale. Achten Sie darauf, dass keine Schalensplitter ins Innere des Eis gelangen. Dann das Ei in beiden Händen halten, mit den Daumen in die Bruchstelle drücken und die Eierschale vorsichtig auseinanderbrechen. Gleichzeitig das Ei so drehen, dass die Öffnung zur Schüssel zeigt. Die möglichst gleich großen Schalenhälften behutsam auseinanderziehen, damit der Inhalt in die Schüssel gleitet. Die Schalenhälften niemals mit den Fingern ausstreichen.

Einwandfrei trennen

Das Ei wie oben beschrieben anschlagen und mit beiden Händen fassen. Beim Auseinanderziehen der Eihälften zeigen die Bruchstellen nach oben. Ziehen Sie die Hälften vorsichtig komplett auseinander, dabei läuft ein Teil des Eiweißes in die Schüssel. Anschließend das Eigelb mehrmals von einer Schalenhälfte in die andere gleiten lassen, dabei fließt das restliche Eiweiß ab. Das Eigelb darf nicht verletzt werden und auslaufen. Soll das Eiweiß anschließend zu Eischnee geschlagen werden, darf es keine Eigelbreste enthalten, sonst wird es nicht steif. Zur Sicherheit können Sie jedes Ei einzeln über einer kleinen Schüssel aufschlagen und die Eiweiße jeweils separat in eine größere Schüssel gießen. Die Eigelbe werden separat in einer anderen Schüssel gesammelt.

Das perfekt gekochte Ei

Beim perfekt gekochten Ei gibt es viele Vorlieben. Kein Problem, mit dieser Anleitung machen Sie alle am Frühstückstisch glücklich: Eier ca. 2 Std. vor dem Kochen aus dem Kühlschrank nehmen. Dann mit einem Eierpiekser an der runden Seite einstechen, in einen Topf legen, mit kaltem Wasser bedecken und offen aufkochen. Bevor das Wasser sprudelt, den Herd auf mittlere Hitze schalten und das Wasser sieden lassen. Ab diesem Zeitpunkt die Küchenuhr stellen:

Für ein weich gekochtes Ei (Größe M) 1½ Min.

Soll das Eigelb gerade stocken: 2 Min.

Für wachsweiche Eier (Größe M) 3½ Min.

Für fast hart gekochte Eier (Größe M) 6 Min. und richtig hart gekochte Eier 7 Min.

Für Eier (Größe L) jeweils ca. 1 Min. mehr rechnen

Für Eier (Größe S) ½–1 Min. weniger rechnen

Am Ende der Garzeit die Eier mit einem Schaumlöffel herausheben und evtl. zum Abkühlen 5–10 Min. in eine Schüssel mit sehr kaltem Wasser legen.

Zum Pellen die Eier an der runden Seite mit einem Löffel anschlagen und die Schale ablösen, dabei die zähe Membran gleich mitentfernen. Das geht gut unter fließendem kaltem Wasser, weil kleine Schalenstücke mitentfernt werden.

Möchten Sie das Ei direkt aus der Schale löffeln, genügt kurzes Abschrecken unter fließendem kaltem Wasser, um den Garprozess zu unterbrechen.

Das perfekte Spiegelei

Ob »sunny side up« oder beiseitig gegart – was wären ein »Strammer Max« oder britisches Frühstück ohne sie? Gute Gründe, mal wieder ein Ei in die Pfanne zu schlagen!

2 EL Butter
4 Eier
Salz
Pfeffer

Für 4 Personen | 10 Min. Zubereitung
Pro Portion ca. 120 kcal, 7 g EW, 10 g F, 0 g KH

1 Eine große beschichtete Pfanne erhitzen, die Butter darin bei mittlerer Hitze zerlassen. Wenn die Butter leicht zu schäumen beginnt (Bild 1), die Temperatur herunterschalten. Die Eier nach und nach einzeln in ein Schälchen aufschlagen und vorsichtig in die Pfanne gleiten lassen (Bild 2).

2 Die Eier so lange garen, bis das Eiweiß gestockt und das Eigelb noch flüssig ist. Wer auch das Eigelb gestockt haben möchte, legt 30–60 Sek. einen Deckel auf die Pfanne, bis das Eigelb gegart ist. Zum Servieren die Eier salzen und pfeffern (Bild 3).

TIPP

Wer 6 oder 8 Spiegeleier gleichzeitig servieren möchte, schlägt die Eier zuerst in eine große Schüssel auf und lässt sie dann gleichzeitig in die Pfanne gleiten.

VARIANTEN

Gewürz-Spiegeleier: Die Butter bei kleiner Hitze zerlassen, pro Ei 1 Prise Currypulver, Baharat (orientalische Gewürzmischung) oder Grillgewürz zugeben und kurz anschwitzen, die Eier zugeben und wie im Rezept ab Step 2 beschrieben braten.

Spiegeleier mit Speck: Pro Ei 1–2 Streifen durchwachsenen Speck oder Frühstückspeck (Bacon) in einer Pfanne ohne Fett bei mittlerer Hitze von jeder Seite in ca. 3 Min. kross braten. Speck herausnehmen und auf Küchenpapier abtropfen lassen. Anschließend oder gleichzeitig in einer separaten Pfanne die Eier wie im Rezept ab Step 2 beschrieben braten und mit dem Speck anrichten.

Pfannkuchen

Keine Kindheitserinnerungen ohne Pfannkuchen – wir alle lieben sie: mit Zimtzucker, Marmelade oder Apfelmus und herzhaft mit Käse, Schinken oder Salami!

1

2

3

250 g Mehl | 1 Msp. Backpulver
½ TL Salz | 4 Eier
650 ml Milch
2 EL Rapsöl (ersatzweise Butter oder Butterschmalz)

Für 4 Personen
20 Min. Zubereitung | 30 Min. Ruhen
Pro Portion ca. 440 kcal, 19 g EW, 17 g F, 53 g KH

1 Mehl, Backpulver und Salz mischen. Eier mit Milch verrühren. Mehlmischung zusieben und verrühren (Bild 1). Teig zugedeckt ca. 30 Min. ruhen lassen.

2 Ofen auf 80° vorheizen. Teig einmal durchrühren. Aus dem Teig ca. 8 Pfannkuchen backen. Dafür eine beschichtete Pfanne jeweils mit wenig Öl einpinseln und erhitzen. Je 1 Kelle Teig (ca. 50 ml) zugeben (Bild 2), durch Schwenken der Pfanne gleichmäßig verteilen und bei mittlerer Hitze in 60–70 Sek. goldbraun backen. Den Pfannkuchen wenden und 30–40 Sek. backen. Die fertigen Pfannkuchen auf einem Teller im Backofen warm halten, bis alle fertig sind (Bild 3).

TEIG-VARIANTEN

Säuerlich frisch schmecken Pfannkuchen mit Buttermilch anstelle von Milch, deftiger mit Bier. Pikant wird's zum Beispiel mit 1 TL Curry- und Chilipulver.
Für süße Pfannkuchen 2 EL Zucker und ½ TL gemahlenes Vanillepulver oder das Mark von 1 Vanilleschote unter den Teig rühren. Nach Belieben abgeriebene Schale von 1 Bio-Zitrone oder Bio-Orange untermischen.

VARIANTE – APFELPFANNKUCHEN

2 große Äpfel schälen, vom Kerngehäuse befreien und in Scheiben schneiden. 3 Apfelscheiben pro Pfannkuchen in Butterschmalz von beiden Seiten braten, bis sie fast weich sind. Süßen Teig darübergießen und wie im Rezept beschrieben backen. Mit Puderzucker bestreuen.

Vorspeisen & Snacks

Schon zum Auftakt zeigen sich die Eier in Höchstform, beweisen ihre Vielseitigkeit: hier als geschäumtes Sößchen, da hübsch marmoriert und exotisch gewürzt. Mal sanft gerührt und raffiniert kombiniert, schonend gegart oder pikant gefüllt. Mit der passenden Beilage wird schnell ein leckeres Hauptgericht daraus.

Gremolata-Ei in Tomate

8 große Tomaten (à ca. 200 g)
10–12 Stiele Basilikum | 6–8 Zweige Thymian
4 Stiele Petersilie | 2 Zweige Rosmarin
1 Knoblauchzehe| 1 Bio-Zitrone
Salz | schwarzer Pfeffer
8 TL Olivenöl
8 Eier
50 g frisch geriebener Parmesan
Olivenöl für die Form

Für 4 Personen
45 Min. Zubereitung | 25 Min. Backen
Pro Portion ca. 370 kcal, 21 g EW, 28 g F, 8 g KH

1 Den Backofen auf 200° (Umluft 180°) vorheizen. Die Tomaten waschen, einen Deckel abschneiden und anderweitig verwenden. Das Innere der Tomaten mit einem Löffel herauskratzen. Die Tomaten umgekehrt auf Küchenpapier abtropfen lassen.

2 Die Kräuter waschen und trocken schütteln, Blätter und Nadeln fein hacken. Knoblauch schälen und fein hacken. Die Zitrone heiß waschen und abtrocknen, die Schale abreiben. Mit Kräutern und Knoblauch mischen. Gremolata salzen und pfeffern.

3 Eine ofenfeste Form einfetten. Tomaten innen salzen und pfeffern, je 1 TL Öl und etwas Gremolata hineingeben. Für jede Tomate 1 Ei aufschlagen und hineingleiten lassen. Tomaten in die Form setzen. Im Ofen (Mitte) ca. 10 Min. backen. Tomaten mit Parmesan bestreuen und 10–15 Min. backen.

VARIANTEN

Statt Gremolatafüllung: 1 EL Doppelrahmfrischkäse mit grob geschrotetem Pfeffer oder 1 TL Tapenade (aus dem Glas) würzen. Oder den Frischkäse mit 1 EL fein gewürfeltem gekochtem Schinken, 2 gehackten Sardellenfilets oder 2–3 gehackten Kapern mischen.

fürs Sommer-Büfett

Spargel mit Pfeffer-Eier-Sauce

Grüner Spargel schmeckt warm und kalt, als Hauptgang oder Beilage. Auch im Salat beweist er seine Wandlungsfähigkeit – und lässt sich gut vorbereiten.

4 Eier
1,2–1,5 kg grüner Spargel
Salz
1–2 EL Dijon-Senf
2 TL Sherryessig (oder Weißweinessig)
120 ml Rapsöl (oder Sonnenblumenöl)
1 EL eingelegter grüner Pfeffer (aus dem Glas)
150 g Magerquark
schwarzer Pfeffer
½ Bund Petersilie
Außerdem:
Dämpfeinsatz

Für 4 Personen
40 Min. Zubereitung
Pro Portion ca. 430 kcal, 17 g EW, 37 g F, 7 g KH

1 Die Eier in ca. 7 Min. hart kochen, in kaltem Wasser abkühlen und pellen (s. S. 5).

2 Den Spargel waschen, im unteren Drittel schälen und die Enden entfernen. Den Spargel schräg in 3–4 cm lange Stücke schneiden und die dickeren Stücke in einen Dämpfeinsatz geben.

3 Wasser 1–2 cm hoch in einem großen Topf aufkochen. Die dickeren Spargelstücke darin ca. 3 Min. dämpfen, dann die dünneren Stücke und Spargelspitzen dazugeben und je nach Dicke in weiteren 4–5 Min. bissfest dämpfen. Den Spargel herausnehmen, eiskalt abbrausen und abtropfen lassen. Den Spargel leicht salzen.

4 Für die Sauce die Eier längs halbieren, die Eigelbe mit einem Teelöffel herauslösen und anschließend durch ein feines Sieb streichen, mit Senf und Essig verrühren. Mit einem Schneebesen das Öl erst tropfenweise unterschlagen, bis es sich mit dem Eigelb gut verbunden hat. Dann das Öl unter Rühren in einem dünnen Strahl zugeben und unterschlagen, bis eine cremige Mayonnaise entsteht.

5 Den grünen Pfeffer abbrausen, mit Küchenpapier trocken tupfen und nach Belieben hacken. Pfeffer und Quark unter die Mayonnaise rühren. Die Pfeffer-Eier-Sauce mit Salz abschmecken.

6 Die Eiweiße hacken, salzen und pfeffern. Die Petersilie waschen und trocken schütteln, die Blätter hacken und mit den Eiweißen mischen.

7 Die Spargelstücke auf einer Platte anrichten, mit der Pfeffer-Eier-Sauce überziehen und mit der Eiweiß-Petersilien-Mischung bestreuen.

VARIANTE – MEDITERRANE EIERSAUCE

Die Eigelbe wie im Rezept beschrieben durch ein Sieb streichen, mit Senf, Essig und Öl zu einer Mayonnaise verrühren. Anstelle von Quark 150 g Schmand unterrühren. Statt mit Petersilie und Pfeffer die Sauce mit 1 Handvoll fein gehackten Basilikumblättern, 4 gehackten getrockneten Tomaten (in Öl eingelegt) und 50 g gehackten schwarzen Oliven (ohne Stein) mischen. Die Sauce nach Geschmack pfeffern. Zum Servieren den Spargel mit der Sauce überziehen, mit gehacktem Eiweiß und einigen Basilikumblättern bestreuen.

herzhafter Snack

Falsche Häschen

8 Eier (Größe S) | 1 Bund Schnittlauch | 250 g Rinderhackfleisch | 250 g gemischtes Hackfleisch | 1 Eigelb (Größe M) | 1 EL Dijon-Senf | 2 EL Magerquark | Salz | Pfeffer | Chiliflakes | 2 EL Mehl | 2–3 EL Semmelbrösel | 2 EL Rapsöl

Für 4 Personen | 50 Min. Zubereitung
Pro Portion ca. 550 kcal, 42 g EW, 38 g F, 10 g KH

1 Eier wachsweich kochen, abkühlen und pellen (s. S. 5). Schnittlauch waschen, trocken schütteln und in Röllchen schneiden. Mit beiden Sorten Hackfleisch, Eigelb, Senf und Quark verkneten. Mit Salz, Pfeffer und Chiliflakes würzen. Den Teig in 8 Portionen teilen und etwas flach drücken.

2 Mehl mit etwas Salz mischen. Die Eier darin wälzen, mit Hackfleisch umhüllen und in Semmelbröseln wenden. Rapsöl erhitzen, die Eier darin 10–12 Min. braten. Eier herausnehmen, auf Küchenpapier abtropfen lassen, halbieren und servieren.

schneller Snack

Eier alla Saltimbocca

4 Eier | schwarzer Pfeffer | 4 Scheiben Parmaschinken | 8 große Salbeiblätter | 2 EL Olivenöl | 4 kleine Holzspieße

Für 4 Personen | 25 Min. Zubereitung
Pro Portion ca. 170 kcal, 13 g EW, 13 g F, 1 g KH

1 Die Eier wachsweich kochen, abkühlen lassen, pellen (s. S. 5) und längs halbieren. Die Schnittflächen der Eier kräftig mit Pfeffer würzen.

2 Schinken längs halbieren, jeweils einen Schinkenstreifen um die Eierhälften wickeln. Die Salbeiblätter waschen und trocken schütteln, jeweils mit einem Holzspießchen am Schinken fixieren.

3 Öl in einer Pfanne erhitzen, die Schinkeneier darin bei mittlerer Hitze in ca. 5 Min. rundum knusprig braten. Herausnehmen und sofort servieren.

raffiniert gewürzt

Tee-Eier

8 Eier | 30 g frischer Ingwer | 1 Sternanis | 2 TL Salz | ½ Zimtstange | 1 TL Szechuanpfeffer | 3 EL helle Sojasauce | 4 EL Mirin (japanischer Reiswein, oder 2 EL Ahornsirup und 2 EL Reisessig) | 3 EL schwarze Teeblätter

Für 4 Personen | ⏱ 20 Min. Zubereitung
30 Min. Kochen | 3–4 Std. Abkühlen
Pro Portion ca. 190 kcal, 14 g EW, 12 g F, 4 g KH

1 Die Eier hart kochen und abkühlen (s. S. 5). Mit einem Löffel rundherum anschlagen, sodass Risse entstehen, die Schalen aber noch am Ei haften.

2 Den Ingwer schälen und in dünne Scheiben schneiden. Den Sternanis in Stückchen brechen.

3 1,5 l Wasser mit Salz, Ingwer, Sternanis, Zimtstange, Szechuanpfeffer, Sojasauce, Mirin und Teeblättern aufkochen. Alles zugedeckt bei kleiner Hitze ca. 15 Min. köcheln lassen. Die Eier zugeben und ca. 30 Min. köcheln, dann im Sud erkalten lassen.

Kneipen-Klassiker

Soleier

8 Eier | 70 g Salz | 2 Lorbeerblätter | 1 TL schwarze Pfefferkörner | 1 TL Kümmelsamen | 1 TL gelbe Senfkörner | ½ TL Pimentkörner | 4 Gewürznelken | einige Tropfen Essig | einige Tropfen Öl | schwarzer Pfeffer | mittelscharfer Senf

Für 1 Glas (ca. 1,5 l)
⏱ 20 Min. Zubereitung | 2 Tage Ruhen
Pro Ei ca. 90 kcal, 7 g EW, 7 g F, 0 g KH

1 Eier hart kochen und abkühlen (s. S. 5). Mit einem Löffel rundherum anschlagen. 1 l Wasser mit Salz und Gewürzen aufkochen, zugedeckt ca. 5 Min. kochen, dann abkühlen lassen. Eier in das Glas schichten, mit Sud und Gewürzen bedecken. Glas verschließen und im Kühlschrank mindestens 2 Tage (maximal 10 Tage) reifen lassen.

2 Eier herausnehmen, pellen, längs halbieren und die Eigelbe herauslösen. Eiweißmulden mit einigen Tropfen Essig und Öl beträufeln und pfeffern. Eigelbe in die Mulden setzen und mit Senf bestreichen.

gelingt leicht

Rührei Grundrezept

8 Eier | 100 g Sahne (ersatzweise Crème fraîche oder Milch) | 40 g Butter | Salz | schwarzer Pfeffer

Für 4 Personen | 15 Min. Zubereitung
Pro Portion ca. 315 kcal, 14 g EW, 28 g F, 2 g KH

1 Die Eier einzeln aufschlagen und in eine Schüssel geben. Die Eier mit einem Schneebesen verschlagen und die Sahne unterrühren.

2 Die Butter in einer großen beschichteten Pfanne bei mittlerer Hitze schmelzen lassen. Sobald die Butter gerade flüssig ist, die Temperatur reduzieren. Die Eiermasse in die Pfanne geben und unter ständigem Rühren garen.

3 Sobald die Masse gestockt, aber noch sehr cremig ist, die Pfanne vom Herd nehmen und das Rührei mit Salz und Pfeffer würzen.

herzhaftes Frühstück

Schinken-Rührei

8 Eier | 100 g Sahne (ersatzweise Crème fraîche oder Milch) | 200 g milder gekochter Schinken in dünnen Scheiben | 1 Beet Gartenkresse | 40 g Butter | Salz | schwarzer Pfeffer

Für 4 Personen | 20 Min. Zubereitung
Pro Portion ca. 380 kcal, 25 g EW, 30 g F, 2 g KH

1 Die Eier einzeln aufschlagen und in eine Schüssel geben. Die Eier mit einem Schneebesen verschlagen und die Sahne unterrühren. Schinken in ca. 2 cm große Stücke schneiden. Kresse vom Beet schneiden, waschen und trocken tupfen.

2 Die Butter in einer großen beschichteten Pfanne bei mittlerer Hitze schmelzen lassen, den Schinken darin unter Rühren ca. 1 Min. erwärmen. Eiermasse unter Rühren hineingeben und garen.

3 Sobald die Masse gestockt, aber noch sehr cremig ist, die Pfanne vom Herd nehmen. Das Rührei salzen und pfeffern und mit Kresse bestreuen.

cremig | herzhaft

Käse-Rührei

8 Eier | 100 g Sahne (ersatzweise Crème fraîche oder Milch) | 100 g Parmesan (ersatzweise Bergkäse oder alter Gouda) | ½ Bund Schnittlauch | 40 g Butter | Salz | schwarzer Pfeffer

Für 4 Personen | 20 Min. Zubereitung
Pro Portion ca. 410 kcal, 23 g EW, 35 g F, 2 g KH

1 Die Eier einzeln aufschlagen und in eine Schüssel geben. Die Eier mit einem Schneebesen verschlagen und die Sahne unterrühren. Den Käse fein reiben. Den Schnittlauch waschen, trocken schütteln und in feine Röllchen schneiden.

2 Die Butter in einer großen beschichteten Pfanne bei mittlerer Hitze schmelzen lassen, die Eiermasse unter Rühren hineingeben und garen.

3 Sobald die Masse gestockt, aber noch sehr cremig ist, die Pfanne vom Herd nehmen. Käse zugeben und unter Rühren schmelzen lassen. Rührei salzen, pfeffern und mit Schnittlauch bestreuen.

schmeckt warm und kalt

Krabben-Rührei

8 Eier | 100 g Sahne (ersatzweise Crème fraîche oder Milch) | ¼ Bund Dill | ¼ Bund Petersilie | 200 g Nordseekrabben in Salzlake | 40 g Butter | Salz | schwarzer Pfeffer

Für 4 Personen | 20 Min. Zubereitung
Pro Portion ca. 360 kcal, 23 g EW, 29 g F, 2 g KH

1 Die Eier einzeln aufschlagen und in eine Schüssel geben. Die Eier mit einem Schneebesen verschlagen und die Sahne unterrühren. Kräuter waschen, trocken schütteln und fein hacken. Krabben abtropfen lassen und trocken tupfen.

2 Die Butter in einer großen beschichteten Pfanne bei mittlerer Hitze schmelzen lassen, die Eiermasse unter Rühren hineingeben und garen.

3 Wenn die Eiermasse zu stocken beginnt, drei Viertel der Krabben zugeben und unter Rühren fertig garen. Das Rührei salzen und pfeffern. Mit Kräutern und übrigen Krabben bestreuen.

raffinierte Vorspeise

Blinis mit Eiersalat

Der Klassiker aus Russland wird eigentlich mit saurer Sahne und Kaviar serviert – hier mit einem Salat aus Eiern, Rote Bete und einer Meerrettichcreme.

Für die Blinis:
60 g Weizenmehl | 65 g Buchweizenmehl
½ TL Salz | ½ TL Zucker
1 TL edelsüßes Paprikapulver
½ TL Trockenhefe
200 ml Milch | 1 Ei
schwarzer Pfeffer
Öl zum Braten
Für den Salat:
250 g Rote Bete (vorgegart, vakuumverpackt)
3 EL Zitronensaft
Salz | schwarzer Pfeffer
4 Eier | 100 g Cornichons (aus dem Glas)
1 Bund Dill | 150 g Frischkäse (16 % Fett i. Tr.)
50 g Magerquark | 1–2 TL Dijon-Senf
30 g Meerrettich (aus dem Glas)

Für ca. 32 Stück
1 Std. Zubereitung | 1 Std. Ruhen
Pro Stück ca. 50 kcal, 3 g EW, 2 g F, 4 g KH

1 Weizen- und Buchweizenmehl in eine Schüssel sieben. Mit Salz, Zucker, Paprikapulver und Trockenhefe mischen. Milch erwärmen. Ei trennen. Eigelb zur Mehlmischung geben. Das Eiweiß kalt stellen. Die lauwarme Milch nach und nach unter das Mehl rühren, bis der Teig glatt ist. Den Teig zugedeckt ca. 1 Std. gehen lassen.

2 Inzwischen Rote Bete abtropfen lassen, trocken tupfen und sehr klein würfeln. Mit 2 EL Zitronensaft vermischen, salzen und pfeffern und ziehen lassen.

3 Eier in ca. 7 Min. hart kochen, abkühlen, pellen (s. S. 5) und klein würfeln. Cornichons abtropfen lassen und fein hacken. Dill waschen und trocken schütteln, die Hälfte der kleinen Spitzen abzupfen und beiseitelegen, den Rest fein hacken.

4 Frischkäse, Quark, Senf und Meerrettich glatt verrühren, salzen und pfeffern. Gehackten Dill unterheben. Rote Bete, gehackte Eier und Cornichons mischen, Meerrettichcreme unterheben. Salat mit 1 EL Zitronensaft würzen und kalt stellen.

5 Ofen auf 100° vorheizen. Eiweiß steif schlagen und unter den Teig heben. Wenig Öl in einer großen beschichteten Pfanne erhitzen. Den Teig mit einem Esslöffel in kleinen Portionen hineinsetzen und flach streichen, sodass runde Blinis (ca. 5 cm Ø) entstehen. Blinis bei mittlerer Hitze 1–1½ Min. backen, bis sich an der Oberfläche Blasen bilden. Die Blinis wenden und auf der anderen Seite in 45–60 Sek. fertig backen. Die Blinis herausnehmen, auf Küchenpapier abtropfen lassen und im Ofen warm halten.

6 Die Blinis auf eine vorgewärmte Platte legen, jeweils etwas Salat darauflöffeln und mit Dillspitzen garnieren. Die Blinis sofort servieren.

AUSTAUSCH-TIPP

Anstelle von Salat können Sie auch Räucherlachs, Lachstatar oder gebratene Garnelen auf die Blinis setzen. Bunt gemischt sind die Blinis perfektes Fingerfood für jede Party oder zum Aperitif.

mediterran inspiriert

Eier mit Tomaten im Förmchen

250 g Tomaten | 4 Stiele Basilikum | 1 TL Kapern (möglichst Salzkapern) | Salz | schwarzer Pfeffer | 80 g frisch geriebener Parmesan | 4 zimmerwarme Eier | 15 g Butter für die Förmchen

Für 4 Auflaufförmchen à 150–200 ml Inhalt
25 Min. Zubereitung | ca. 15 Min. Backen
Pro Portion ca. 200 kcal, 15 g EW, 14 g F, 2 g KH

1 Stielansätze der Tomaten entfernen. Tomaten kurz überbrühen, häuten und vierteln. Die Viertel entkernen, abtropfen lassen und würfeln. Das Basilikum waschen und trocken schütteln, einige Blätter beiseitelegen und den Rest hacken. Die Kapern abbrausen, trocken tupfen und hacken.

2 Ofen auf 200° vorheizen. Förmchen einfetten, mit Salz, Pfeffer und etwas Parmesan ausstreuen. Tomaten, Kapern und gehacktes Basilikum mischen, mit Pfeffer würzen. Die Mischung abwechselnd mit Käse bis auf 2 EL in die Förmchen schichten. Jeweils in die Mitte eine kleine Mulde drücken. Eier einzeln in eine Tasse aufschlagen, in die Mulde gleiten lassen und mit übrigem Parmesan bestreuen.

3 Eine tiefe Auflaufform oder ein tiefes Backblech mit Küchenpapier auslegen. Die Förmchen hineinstellen. So viel kochend heißes Wasser angießen, dass sie zur Hälfte im Wasser stehen. Im Ofen (Mitte, Umluft 180°) 8–12 Min. backen. Wenn nötig, 2–3 Min. weitergaren. Herausnehmen, Eier mit Basilikumblättchen dekorieren und servieren. Dazu passt zum Beispiel gerösteter Toast.

VARIANTE – MIT GETROCKNETEN TOMATEN

50 g in Öl eingelegte getrocknete Tomaten abtropfen lassen und fein hacken. 4 Frühlingszwiebeln putzen, waschen und in Ringe schneiden. 50 g Tomatenmark mit ca. 1 TL Sambal oelek verrühren. Tomaten und Frühlingszwiebeln untermischen, salzen und pfeffern. Förmchen einfetten, innen salzen und pfeffern. Masse einfüllen und eine Mulde hineindrücken, 4 zimmerwarme Eier hineingleiten lassen und wie beschrieben backen.

herzhaft | würzig

Eier mit Gorgonzola

100 g Gorgonzola | 80 g Doppelrahmfrischkäse | 30 g Walnusskerne | 4 Zweige Thymian | schwarze Pfefferkörner | Salz | 4 zimmerwarme Eier | 15 g weiche Butter für die Förmchen

Für 4 Auflaufförmchen à 150–200 ml
15 Min. Zubereitung | ca. 15 Min. Backen
Pro Portion ca. 320 kcal, 15 g EW, 28 g F, 2 g KH

1 Gorgonzola und Frischkäse mit einer Gabel grob zerdrücken. Die Walnüsse hacken. Den Thymian waschen und trocken schütteln, die Blättchen abstreifen und hacken. Nüsse und Thymian unter die Käsemischung mischen. Den Pfeffer im Mörser grob zerstoßen und die Käsemasse damit kräftig würzen.

2 Ofen auf 200° vorheizen. Förmchen einfetten, innen salzen und pfeffern. Käsemasse einfüllen, mit einem Löffel eine Mulde hineindrücken, die Eier einzeln hineingleiten lassen. Dann wie in den Schritten 2–3 im Rezept Seite 18 backen.

exotisch | raffiniert

Eier mit Schinken

100 g gekochter Schinken | 6 Stiele Petersilie | 80 g Doppelrahmfrischkäse | ½–1 TL Currypulver | schwarzer Pfeffer | Salz | 4 zimmerwarme Eier | 15 g weiche Butter für die Förmchen

Für 4 Auflaufförmchen à 150–200 ml
15 Min. Zubereitung | ca. 15 Min. Backen
Pro Portion ca. 210 kcal, 15 g EW, 16 g F, 1 g KH

1 Schinken fein würfeln. Petersilie waschen, trocken schütteln und hacken. Frischkäse und Currypulver verrühren, Schinken und Petersilie untermischen. Mit Pfeffer würzen.

2 Ofen auf 200° vorheizen. Förmchen einfetten, innen salzen und pfeffern. Schinkenmasse einfüllen, mit einem Löffel eine Mulde hineindrücken, die Eier einzeln hineingleiten lassen. Dann wie in den Schritten 2–3 im Rezept Seite 18 backen. Mit etwas Currypulver bestreut servieren. Dazu passt Naanbrot (indisches Fladenbrot).

Klassiker aus Österreich

Rinderbrühe mit Frittaten

1,2 l Rinderbrühe
1 Bund Kerbel
½ Bund Petersilie
2 Eier
Salz
schwarzer Pfeffer
1 Msp. Cayennepfeffer
20 g Butter

Für 4 Personen | 20 Min. Zubereitung
Pro Portion ca. 240 kcal, 18 g EW, 13 g F, 2 g KH

1 Die Brühe in einem Topf aufkochen. Kerbel und Petersilie waschen, trocken schütteln und sehr fein hacken. 1–2 EL gehackte Petersilie beiseitestellen.

2 Die Eier mit einem Schneebesen in einer Schüssel verrühren, mit Salz, Pfeffer und Cayennepfeffer würzen. Kerbel und Petersilie unterrühren.

3 Die Butter in einer großen beschichteten Pfanne schmelzen lassen. Die Eier zugießen, durch Schwenken der Pfanne gleichmäßig verteilen und bei kleiner Hitze ca. 1 ½ Min. backen. Wenn die Unterseite gestockt ist, die Herdplatte ausschalten und das Omelett zugedeckt in weiteren 2 Min. fertig stocken lassen. Das Omelett auf einen Teller mit Küchenpapier gleiten und abkühlen lassen.

4 Das Omelett in dünne Streifen schneiden. Die Frittaten in die heiße Brühe geben. Die Brühe mit übriger Petersilie bestreut servieren.

Klassiker aus Fernost

Eierblumensuppe

20 g frischer Ingwer | 1 rote Chilischote
1,2 l Hühnerbrühe
2–3 EL Mirin (japanischer Reiswein, nach Belieben)
2 TL geröstetes Sesamöl | 1 Sternanis
1 Möhre | 1 Bund Frühlingszwiebeln
1 Bund Koriandergrün | 2 Eier
Salz | schwarzer Pfeffer | Sojasauce

Für 4 Personen | 50 Min. Zubereitung
Pro Portion ca. 110 kcal, 5 g EW, 6 g F, 6 g KH

1 Ingwer schälen und in dünne Scheiben hobeln. Chili längs halbieren, entkernen, waschen und grob würfeln. Die Brühe mit Ingwer, Chili, nach Belieben Mirin, Sesamöl und Sternanis aufkochen und zugedeckt bei kleiner Hitze ca. 30 Min. köcheln lassen.

2 Die Möhre putzen, schälen und seitlich längs 4–5 Kerben hineinschneiden, dann in dünne Scheiben hobeln. Frühlingszwiebeln putzen, waschen und schräg in dünne Ringe schneiden. Koriandergrün waschen und trocken schütteln, zarte Stiele und Blätter hacken. Eier mit Salz und Pfeffer verrühren, dabei nicht schaumig schlagen.

3 Brühe abseihen und aufkochen, Möhren und Frühlingszwiebeln darin in 4–5 Min. garen. Salzwasser aufkochen. Eier in dünnem Strahl unter Rühren zugeben, bis die Masse stockt und Eierblumen entstehen. Diese herausheben, abtropfen lassen und in Suppenschalen geben. Brühe mit Sojasauce und Pfeffer würzen und darübergießen. Mit Koriandergrün bestreut servieren.

oben: Rinderbrühe mit Frittaten | unten: Eierblumensuppe

fürs Büfett

Russische Eier

4 Eier | 80 g Senfgurke (Glas) | 4 Stiele Dill | 4 Stiele Petersilie | 2 EL Doppelrahmfrischkäse | 1 EL Dijon-Senf | 1 EL Mayonnaise (s. S. 64) | Salz | grüner Pfeffer aus der Mühle | 30 g Forellenkaviar (Glas)

Für 4 Personen | 30 Min. Zubereitung
Pro Portion ca. 160 kcal, 11 g EW, 12 g F, 3 g KH

1 Eier hart kochen, abkühlen und pellen (s. S. 5). Die Senfgurken abtropfen lassen, trocken tupfen und würfeln. Die Kräuter waschen und trocken schütteln. 8 kleine Dillzweige beiseitelegen, den Rest und die Petersilie fein hacken.

2 Die Eier längs halbieren. Die Eigelbe herauslösen, durch ein feines Sieb streichen, mit Frischkäse, Senf und Mayonnaise glatt rühren, salzen und pfeffern. Eiweißhälften auf einer Platte anrichten. Die Masse mit einem Teelöffel einfüllen. Kaviar und Dillzweige daraufgeben. Dazu passt Toast.

mediterran | würzig

Tomaten-Basilikum-Eier

4 Eier | 50 g in Öl eingelegte getrocknete Tomaten | 4–6 Stiele Basilikum | 2 EL Mayonnaise (s. S. 64) | 2 EL Tomatenmark | 1 TL Harissa (Chilipaste aus der Tube) | Salz | schwarzer Pfeffer

Für 4 Personen | 30 Min. Zubereitung
Pro Portion ca. 190 kcal, 7 g EW, 17 g F, 2 g KH

1 Eier hart kochen, abkühlen und pellen (s. S. 5). Inzwischen die Tomaten abtropfen lassen und mit Küchenpapier fest ausdrücken, dann fein hacken. Basilikum waschen und trocken schütteln, 8 kleine Blättchen beiseitelegen und den Rest fein hacken.

2 Die Eier längs halbieren. Eigelbe herauslösen und durch ein feines Sieb streichen, mit Mayonnaise, Tomatenmark und Harissa glatt rühren, salzen und pfeffern. Tomaten und gehacktes Basilikum unterheben. Eiweißhälften anrichten. Die Masse mit einem Teelöffel einfüllen. Jede Hälfte mit 1 Blatt Basilikum dekorieren. Dazu passen Parmesan-Kräcker.

aus der Provence

Oliven-Eier

4 Eier | 1 Knoblauchzehe | 1 TL Kräuter der Provence | 2–3 EL grüne Tapenade (Olivenpaste) | 2 EL Ziegenfrischkäse | Salz | schwarzer Pfeffer | 4 grüne Oliven (ohne Stein)

Für 4 Personen | 30 Min. Zubereitung
Pro Portion ca. 140 kcal, 9 g EW, 11 g F, 1 g KH

1 Eier hart kochen, abkühlen und pellen (s. S. 5). Den Knoblauch schälen, fein hacken und mit den Kräutern der Provence im Mörser fein zerreiben.

2 Die Eier längs halbieren. Eigelbe herauslösen und durch ein feines Sieb streichen, mit Tapenade und Ziegenfrischkäse verrühren, mit wenig Salz und reichlich Pfeffer würzen. Die Masse mit einem Teelöffel in die Hälften geben. Die Oliven in Streifen schneiden und auf den Eiern verteilen. Dazu passen in Knoblauchöl geröstete Baguettescheiben.

aus Südfrankreich

Sardellen-Kapern-Eier

4 Eier | 10 Sardellenfilets in Öl | 1 Bio-Zitrone | 2–3 TL Kapern (aus dem Glas) | ½ Bund Petersilie | 1 EL Dijon-Senf | 1 EL Mayonnaise (s. S. 64) | 2 EL Doppelrahmfrischkäse | Salz | Pfeffer

Für 4 Personen | 30 Min. Zubereitung
Pro Portion ca. 170 kcal, 11 g EW, 13 g F, 2 g KH

1 Eier hart kochen, abkühlen und pellen (s. S. 5). Sardellen abtropfen lassen, trocken tupfen und fein hacken. Zitrone heiß waschen, abtrocknen und 1 TL Schale abreiben. Kapern abbrausen und trocken tupfen. 8 Kapern beiseitelegen, den Rest hacken. Petersilie waschen, trocken schütteln, hacken.

2 Eier längs halbieren. Eigelbe herauslösen und durch ein feines Sieb streichen, mit Senf, Mayonnaise und Frischkäse verrühren. Petersilie und Sardellen unterrühren. Mit Salz, Pfeffer und Zitronenschale würzen. Die Masse in die Hälften füllen, einige Kapern darauflegen. Dazu passt Landbrot.

Klassiker aus Frankfurt

Pochierte Eier mit Grüner Soße

In die »Grie Soß« gehören traditionell 7 Kräuter. Auf vielen Märkten, besonders in und um Frankfurt, gibt es sie im Bund – außerhalb der Saison als TK-Mischung.

2 Eier
1 Bio-Zitrone
250–300 g gemischte Grüne-Soße-Kräuter (z. B. Schnittlauch, Petersilie, Kerbel, Kresse, Sauerampfer, Borretsch, Pimpinelle)
200 g Schmand
150 g saure Sahne
150 g Joghurt
1–2 EL Dijon-Senf
Salz (oder Kräutersalz)
grüner Pfeffer aus der Mühle
250 ml Tafelessig (z. B. Branntweinessig)
8 gekühlte frische Eier

Für 4 Personen
35 Min. Zubereitung | 1–2 Std. Kühlen
Pro Portion ca. 530 kcal, 32 g EW, 39 g F, 11 g KH

1 Eier in 7 Min. hart kochen, dann herausnehmen und abkühlen (s. S. 5). Inzwischen die Zitrone heiß waschen und abtrocknen, die Schale abreiben. Die Kräuter verlesen, waschen und trocken schütteln, etwas Kresse für die Deko beiseitelegen. Die Kräuter grob hacken und in einen Mixer geben.

2 Die Kräuter mit Schmand, saurer Sahne und Joghurt cremig pürieren. Die Sauce mit Senf, Salz, grünem Pfeffer, Zitronenschale und eventuell 1 Spritzer Zitronensaft würzen.

3 Die hart gekochten Eier pellen, klein hacken und unter die Kräutersauce mischen. Die Sauce mit Frischhaltefolie abdecken und im Kühlschrank 1–2 Std. durchziehen lassen, aber mindestens 15 Min. vor dem Servieren wieder herausnehmen.

4 Inzwischen für die pochierten Eier 3 l Wasser und den Essig in einen Topf geben und aufkochen. Die Eier einzeln in eine Tasse aufschlagen und vorsichtig in das siedende Essigwasser gleiten lassen (Bild 1). Das dabei stockende Eiweiß mit zwei Esslöffeln über das Eigelb ziehen (Bild 2). Nach ca. 2 Min. die Eier behutsam wenden und weitere 2 Min. ziehen lassen. Die Eier mit einer Schaumkelle herausheben und etwas abtropfen lassen. Die pochierten Eier mit der Grünen Soße anrichten und mit der übrigen Kresse bestreuen.

SPEED-TIPP
Wenn es schnell gehen muss, kann man die Eier auch einfach weich oder wachsweich kochen (s. S. 5), pellen und warm mit der Grünen Soße anrichten.

AUSTAUSCH-TIPP
Die Saison für Grüne-Soße-Kräuter ist sehr kurz, und die typischen Kräuter sind nicht überall zu bekommen. Mit etwas Glück gibt es die Mischung tiefgekühlt. Oder Sie stellen sich Ihre eigene Mischung zusammen, je nach Saison, z. B. aus Petersilie, Dill und Kresse. Eine gute Alternative ist auch eine TK-6-Kräutermischung.

1

2

3

türkisch inspiriert

Paprika-Eiersalat

500 g rote Paprikaschoten | 8 Eier | 2–3 Knoblauchzehen | 1 Bund Petersilie | Salz | schwarzer Pfeffer | 300 g griechischer Joghurt | 1 EL Olivenöl | 1–2 TL edelsüßes Paprikapulver | 2 TL Chiliflakes | Backpapier für das Backblech

Für 4 Personen | 45 Min. Zubereitung
Pro Portion ca. 300 kcal, 17 g EW, 22 g F, 9 g KH

1 Backofengrill auf 220° vorheizen. Backblech mit Backpapier auslegen. Paprikaschoten schälen, vierteln, entkernen, waschen, mit der Schnittfläche nach unten aufs Blech legen und (oben) ca. 10 Min. grillen. Herausnehmen, abkühlen lassen. Eier hart kochen, abkühlen und pellen (s. S. 5). Knoblauch schälen und hacken. Petersilie waschen, trocken schütteln und grob hacken. Eier achteln. Paprikastücke grob würfeln. Beides mit Petersilie mischen, salzen und pfeffern. Joghurt mit Salz, Pfeffer und Knoblauch verrühren und darübergießen. Öl mit Paprikapulver verrühren, darüberträufeln. Mit Chili bestreuen.

mexikanisch inspiriert

Avocado-Eiersalat

6 Eier | 1–2 rote Chilischoten | 1 großes Bund Koriandergrün | 200 g Tomaten | Salz | grüner Pfeffer aus der Mühle | 1 ½ EL Limettensaft | 1 TL Dijon-Senf | 1 Eigelb | 4–5 EL Olivenöl | 1 Avocado

Für 4 Personen | 35 Min. Zubereitung
Pro Portion ca. 390 kcal, 13 g EW, 35 g F, 3 g KH

1 Eier hart kochen, abkühlen und pellen (s. S. 5). Chili entkernen, waschen und hacken. Koriandergrün waschen und trocken schütteln, hacken. Tomaten waschen, vierteln und entkernen. Die Viertel würfeln, salzen und pfeffern. Limettensaft mit Salz, Senf und Eigelb verrühren. Öl zuerst tropfenweise, dann in dünnem Strahl unterrühren. Avocado halbieren, entsteinen. Fruchtfleisch würfeln und mit Dressing mischen. Eier grob hacken. Eier, Tomaten, Korianderstiele und Chili mit der Avocado mischen. Den Salat zugedeckt ca. 30 Min. in den Kühlschrank stellen. Mit Korianderblättern bestreuen.

skandinavisch inspiriert

Garnelen-Eiersalat

6 Eier | 1 Bio-Zitrone | ½ Bund Dill | 100 g Schmand | 150 g Joghurt | 2 TL Dijon-Senf | Kräutersalz | grüner Pfeffer aus der Mühle | ½ TL Zucker | 100 g Räucherlachs | 100 g gegarte, küchenfertige Garnelen | 1 Beet Gartenkresse

Für 4 Personen | 35 Min. Zubereitung
Pro Portion ca. 305 kcal, 24 g EW, 22 g F, 3 g KH

1 Eier hart kochen, abkühlen und pellen (s. S. 5). Zitrone heiß waschen, abtrocknen und 2 TL Schale abreiben. Dill waschen, trocken schütteln und hacken. Schmand, Joghurt, Senf, Kräutersalz, Pfeffer und Zucker verrühren. 1 Spritzer Zitronensaft, Dill und Zitronenschale unterrühren. Eier grob hacken. Lachs grob würfeln. Das Dressing mit Eiern, Lachs und Garnelen mischen. Zugedeckt mindestens 30 Min. kalt stellen. Eventuell mit Kräutersalz abschmecken. Die Kresse vom Beet schneiden, waschen, trocken tupfen und über den Salat streuen.

asiatisch inspiriert

Scharfer Eiersalat

8 Eier | 1 rote Paprikaschote | 1 Bund Frühlingszwiebeln | 1 Knoblauchzehe | 2 Chilischoten | 1 Bio-Limette | 1 Bund Koriandergrün | 3 EL süße Chilisauce | 1 EL Sojasauce | 2 TL Fischsauce | 2 TL geröstetes Sesamöl | Salz | Pfeffer

Für 4 Personen | 35 Min. Zubereitung
Pro Portion ca. 220 kcal, 12 g EW, 12 g F, 5 g KH

1 Eier hart kochen, abkühlen und pellen (s. S. 5). Paprika vierteln, waschen und würfeln. Frühlingszwiebeln waschen und putzen, in Ringe schneiden. Knoblauch schälen und hacken. Chili halbieren, entkernen, waschen und würfeln. Limette heiß waschen und abtrocknen, 1 TL Schale abreiben und 2 TL Saft auspressen. Koriandergrün waschen, trocken schütteln, hacken. Chili-, Soja- und Fischsauce mit Limettensaft und Öl verrühren, salzen und pfeffern. Knoblauch und Frühlingswiebeln untermischen. Eier grob hacken, mit Paprika, Koriander und Chili untermischen. Zugedeckt mindestens 1 Std. kalt stellen.

Saucen, Omeletts & Co.

Mein Lieblings-Kinderessen war Spiegelei mit Spinat. Seitdem hat sich das Spektrum meiner Lieblingsgerichte erweitert und einige davon stecken in diesem Kapitel. Da finden sich auch Ei und Spinat wieder – diesmal in einer feinen Tarte. Die sollten Sie sich nicht entgehen lassen, genauso wenig wie die Eier mit Senfschaum!

Eier mit Senfschaum

Salz | 400 g Brokkoli
2 Kohlrabi
200 g TK-Erbsen
8 Eier
1 Bund Kerbel
150 ml Fleisch- oder Gemüsebrühe
150 ml Milch
3 EL Dijonsenf
2 TL körniger Senf
4 Eigelb
50 g eiskalte Butter
schwarzer Pfeffer

Für 4 Personen | 45 Min. Zubereitung
Pro Portion ca. 435 kcal, 24 g EW, 31 g F, 27 g KH

1 Salzwasser in einem Topf aufkochen. Den Brokkoli waschen, putzen und in Röschen teilen. Den Kohlrabi schälen, achteln und in ca. 12 Min. im Salzwasser garen. In den letzten 3 Min. Brokkoli und Erbsen mitgaren. Die Eier in ca. 3 ½ Min. wachsweich kochen (s. S. 5). Inzwischen den Kerbel waschen, trocken schütteln und hacken. Das Gemüse abgießen und warm halten.

2 Brühe, Milch, beide Senfsorten und Eigelbe in einer Metallschüssel verrühren und über dem heißen Wasserbad (s. S. 30) ca. 7 Min. schaumig aufschlagen, bis die Sauce eindickt und 72°–75° erreicht hat (am besten ein Thermometer verwenden). Den Topf mit der Schüssel vom Herd nehmen. Die kalte Butter in Stückchen unterschlagen. Die Sauce mit Salz und Pfeffer würzen.

3 Die Eier kurz mit kaltem Wasser abschrecken, pellen und in die warme Sauce legen. Eier und Sauce mit dem Gemüse auf Tellern anrichten. Mit Kerbel bestreut servieren.

für Gäste

Spargel mit Kerbel-Zabaione

Zabaione kennt jeder als Dessert. Diese Zabaione ist mindestens ebenso schaumig, aber frühlingshaft gewürzt – perfekt zum edelsten aller Frühlingsgemüse, dem Spargel.

1 Bund Kerbel
1,2–1,5 kg weißer Spargel
Salz
1 TL Zucker
100 ml Weißwein (z. B. Riesling, oder Spargelwasser)
100 ml Gemüsefond (aus dem Glas)
4 Eigelb
50–60 g Frischkäse (16 % Fett i. Tr.)
Cayennepfeffer
grüner Pfeffer aus der Mühle

Für 4 Personen | 35 Min. Zubereitung
Pro Portion ca. 160 kcal, 10 g EW, 8 g F, 8 g KH

1 Kerbel waschen und trocken schütteln, einige Blätter ganz lassen und den Rest fein hacken. Den Spargel waschen, schälen und die holzigen Enden abschneiden. Wasser in einem großen Topf aufkochen, Salz und Zucker zugeben. Den Spargel darin je nach Dicke in 10–14 Min. bissfest garen.

2 Für das Wasserbad Wasser 2–3 cm hoch in einen Topf geben, erhitzen und eine Metallschüssel so daraufsetzen, dass sie das Wasser nicht berührt. Wein und Fond für die Zabaione darin erwärmen.

3 Die Eigelbe zugeben und mit dem Schneebesen 6–7 Min. aufschlagen, bis die Zabaione dick-schaumig ist und eine Temperatur von 72°–75° erreicht hat (am besten ein Thermometer verwenden).

4 Den Topf mit der Schüssel vom Herd nehmen. Den Frischkäse zugeben und unterrühren. Die Zabaione mit Salz, Cayennepfeffer und grünem Pfeffer würzen. Den gehackten Kerbel untermischen.

5 Den Spargel herausnehmen, auf vorgewärmten Tellern anrichten und die Zabaione darüberlöffeln. Mit den Kerbelblättern bestreuen und servieren. Dazu passen junge Pellkartoffeln.

ZABAIONE-VARIANTEN

Anstelle von Kerbel lässt sich die Zabaione je nach Jahreszeit mit anderen Kräutern zubereiten und mit anderen Gemüsesorten kombinieren. Dafür die Zabaione wie im Rezept beschrieben zubereiten und den Kerbel durch andere Kräuter ersetzen:
Im Frühling für eine Dill-Zabaione 1 Bund Dill hacken und unter die Zabaione rühren. Die Sauce schmeckt zu Schmorgurken oder Mairübchen.
Für eine Kresse-Zabaione 1 Beet Gartenkresse abschneiden, waschen, trocken tupfen und unter die Zabaione rühren. Die Sauce passt zu Blumenkohl.
Im Sommer für eine Basilikum-Zabaione 1 Handvoll Basilikumblätter hacken. Oder für eine Thymian-Zabaione die Blättchen von 5 Stängeln Thymian abzupfen und hacken. Dann entweder Basilikum oder Thymian unter die Zabaione rühren. Die Basilikum-Zabaione passt zu Artischockenherzen, die Thymian-Zabaione zu Zucchini.
Zu Herbstgemüse wie Schwarzwurzeln, Pastinaken oder Möhren schmeckt eine Petersilien-Zabaione. Dafür 1 Bund Petersilie hacken und unter die Sauce rühren.

mediterran | gelingt leicht

Tomaten-Feta-Clafoutis

Eigentlich ist Clafoutis eine süße Mischung aus Kuchen, Auflauf und Pfannkuchen. In unserer pikanten Interpretation kommen aromatische Tomaten und Feta zum Einsatz.

700 g mittelgroße Tomaten
Salz | schwarzer Pfeffer
200 g Schafskäse (Feta)
12 schwarze Oliven (ohne Stein)
½ Bund Thymian
6 Eier
200 g Sahne
Cayennepfeffer
frisch geriebene Muskatnuss
1 Msp. Nelkenpulver
½ Bund Petersilie
Butter für die Form

Für 1 Auflaufform (ca. 20 x 30 cm)
25 Min. Zubereitung | 40 Min. Backen
Bei 4 Personen pro Portion ca. 470 kcal,
22 g EW, 38 g F, 8 g KH

1 Den Backofen auf 180° vorheizen. Eine Auflaufform mit Butter einfetten. Die Stielansätze der Tomaten entfernen. Die Tomaten kurz überbrühen und häuten. Die Tomaten in die Form setzen, mit etwas Salz und Pfeffer würzen.

2 Den Schafskäse klein würfeln. Die Oliven halbieren. Schafskäse und Oliven zwischen den Tomaten verteilen. Den Thymian waschen und trocken schütteln, die Blättchen hacken und darüberstreuen.

3 Die Eier mit der Sahne verschlagen. Die Eier-Sahne-Mischung mit Salz, Pfeffer, Cayennepfeffer, Muskat und Nelkenpulver würzen.

4 Die Eier-Sahne-Mischung über die Tomaten gießen. Die Tomaten im heißen Backofen (Mitte, Umluft 160°) in ca. 40 Min. garen. Sollte die Oberfläche zu schnell bräunen, nach ca. 20 Min. den Auflauf locker mit Alufolie abdecken.

5 Inzwischen die Petersilie waschen, trocken schütteln und fein hacken. Auflauf herausnehmen, mit Petersilie bestreuen und sofort servieren.

UND DAZU?

Zu den Tomaten-Feta-Clafoutis passen Kartoffelpüree, Reis, Kräuterbaguette oder Knoblauchbaguette.
Für ein Kräuterbaguette den Ofen auf 180° vorheizen. 125 g weiche Butter mit ¼ TL Salz cremig rühren. ½ TL fein abgeriebene Schale von 1 Bio-Zitrone, 1 fein gehackte Knoblauchzehe und 2 EL fein gehackte, gemischte Kräuter oder ½ Päckchen TK-Kräutermischung unterrühren. 1 Baguette längs aufschneiden und mit Kräuterbutter bestreichen. Im Ofen (Mitte, Umluft 160°) in 10–15 Min. knusprig backen. Alternativ können Sie das Baguette im Abstand von ca. 2 cm ein-, aber nicht durchschneiden. Kräuterbutter in die Einschnitte geben, Baguette in Alufolie wickeln und ca. 10 Min. backen. Die Folie oben öffnen und weiterbacken, bis das Baguette knusprig ist.
Das Baguette schmeckt zum Beispiel auch mit:
Knoblauchbutter: 125 g Butter mit ¼ TL Salz, ½ TL fein abgeriebenen Schale von 1 Bio-Zitrone und 4–6 fein gehackten Knoblauchzehen verrühren.
Tomatenbutter: 125 g Butter mit ¼ TL Salz, ½ TL fein abgeriebenen Schale von 1 Bio-Zitrone, 2 EL Tomatenmark und schwarzem Pfeffer verrühren.

Klassiker auf neue Art

Omelett mit Pilzen

500 g braune Champignons (oder Pfifferlinge) | 1 Bund Schnittlauch (oder Petersilie)
Für das Omelett: 8 Eier | 150 g Frischkäse (16 % Fett i. Tr.) | Salz | schwarzer Pfeffer | Cayennepfeffer | frisch geriebene Muskatnuss (oder 1–2 TL edelsüßes Paprikapulver) | 60 g Butter

Für 4 Personen | 40 Min. Zubereitung
Pro Portion ca. 350 kcal, 22 g EW, 28 g F, 3 g KH

1 Die Pilze putzen, trocken säubern und in Scheiben schneiden. Den Schnittlauch waschen, trocken schütteln und in feine Röllchen schneiden.

2 Die Eier einzeln aufschlagen, in eine Schüssel geben und mit dem Scheebesen verschlagen. Den Frischkäse unterrühren. Die Eiermasse mit Salz, Pfeffer, Cayennepfeffer und Muskat würzen.

3 20 g Butter in einer großen Pfanne schmelzen lassen, bis sie schäumt. Pilze zugeben und bei kleiner Hitze unter Rühren ca. 5 Min. braten. Dann salzen und weiterbraten, bis die ausgetretene Flüssigkeit verdampft ist. Pilze pfeffern, Schnittlauchröllchen untermischen und warm halten.

4 Aus der Eiermasse nacheinander 2 Omeletts backen. Dafür jeweils 20 g Butter in einer beschichteten Pfanne zerlassen. Dann jeweils die Hälfte der Eiermasse darin bei kleiner bis mittlerer Hitze in 3–4 Min. stocken lassen. Sobald das Omelett an den Rändern fest wird, die Pfanne leicht kippen und das Omelett 2–2 ½ Min. weitergaren.

5 Sobald die Unterseite des Omeletts fest und die Oberfläche noch etwas feucht ist, die Hälfte der Pilze darauf verteilen. Das Omelett halbieren und warm halten, bis auch das zweite Omelett fertig ist. Die Omeletthälften auf je einen Teller gleiten lassen und servieren.

angenehm scharf

Omelett orientalisch

600 g Auberginen | Salz | 1 Bund Thymian | ½ Bund Petersilie | 2 EL Olivenöl | 3 EL Tomatenmark | ¼–½ TL gemahlener Kreuzkümmel | 150 ml Gemüsebrühe | 1–2 TL Harissa | ¼–½ TL Zimtpulver | Pfeffer
Für das Omelett: 8 Eier | 150 g Frischkäse (16 % Fett i. Tr.) | 1 TL süßes Paprikapulver | 40 g Butter

Für 4 Personen | 50 Min. Zubereitung
Pro Portion ca. 370 kcal, 21 g EW, 29 g F, 8 g KH

1 Auberginen waschen, putzen, würfeln und in kochenden Salzwasser ca. 1 Min. blanchieren. Abgießen und ausdrücken. Thymian und Petersilie waschen, trocken schütteln und hacken. Öl erhitzen, Tomatenmark und Kreuzkümmel darin kurz anrösten. Auberginen und Thymian zugeben und kurz anbraten. Mit Brühe ablöschen, Auberginen in ca. 6 Min. garen. Mit Salz, Harissa, Zimtpulver und Pfeffer würzen. Omeletts wie im Rezept Seite 34 zubereiten. Mit Auberginen belegen, mit Petersilie bestreuen und halbieren.

mediterran

Omelett mit Tomaten

2 rote Zwiebeln | 2 Knoblauchzehen | 200 g in Öl eingelegte getrocknete Tomaten | 40 g schwarze Oliven (ohne Stein) | 200 g Kirschtomaten | ½ Bund Petersilie | 1 EL Olivenöl | Salz | Pfeffer
Für das Omelett: 8 Eier | 150 g Ziegenfrischkäse | 1 TL süßes Paprikapulver | 40 g Butter | 70 g frisch geriebener Parmesan

Für 4 Personen | 50 Min. Zubereitung
Pro Portion ca. 700 kcal, 28 g EW, 62 g F, 7 g KH

1 Zwiebeln und Knoblauch schälen und hacken. Getrocknete Tomaten abtropfen lassen, Öl auffangen. Tomaten würfeln. Oliven hacken. Kirschtomaten waschen und halbieren. Petersilie waschen, trocken schütteln und hacken. Öl und aufgefangenes Öl erhitzen, Zwiebeln darin 4–5 Min. dünsten. Knoblauch zugeben und ca. 1 Min. dünsten. Tomaten zugeben, unter Rühren ca. 5 Min. braten. Salzen und pfeffern. Omeletts wie im Rezept Seite 34 zubereiten. Mit Tomaten und Parmesan belegen, mit Petersilie bestreuen und halbieren.

indisch inspiriert

Möhren-Frittata mit Mandeln

600 g Möhren | 2 mittelgroße rote Zwiebeln | 50 g frischer Ingwer | 3 EL Ghee (oder Butterschmalz) | Salz | schwarzer Pfeffer | 50 g Mandelblättchen | 1 Bund Petersilie | 3 TL Currypulver | 2–3 Becher Joghurt (à 150 g) | 6 Eier

Für 4 Personen
⏱ 50 Min. Zubereitung | 40 Min. Garen
Pro Stück ca. 360 kcal, 17 g EW, 26 g F, 13 g KH

1 Die Möhren putzen, schälen und grob raspeln. Die Zwiebeln schälen und grob würfeln. Den Ingwer schälen und auf der Gemüsereibe fein reiben.

2 1 EL Ghee in einer Pfanne erhitzen, die Zwiebeln darin in ca. 4 Min. glasig dünsten. Möhrenraspel und drei Viertel des Ingwers dazugeben und unter Rühren ca. 3 Min. mitbraten. Die Möhrenmischung salzen, pfeffern und abkühlen lassen.

3 Inzwischen die Mandelblättchen in einer beschichteten Pfanne ohne Fett goldbraun rösten, herausnehmen und abkühlen lassen. Petersilie waschen, trocken schütteln und grob hacken.

4 Currypulver mit 1 Becher Joghurt verrühren. Die Eier unterrühren. Die Masse salzen und pfeffern. Mit Möhren, Mandeln und Petersilie verrühren.

5 Übriges Ghee in einer tiefen Pfanne (24–26 cm Ø) erhitzen, die Eiermasse dazugeben und glatt streichen. Die Temperatur verringern. Die Frittata zugedeckt bei mittlerer Hitze in 35–40 Min. garen, bis die Unterseite braun ist. Wenn die Frittata in der Mitte noch weich ist, die Herdplatte ausschalten und die Frittata weitere 5 Min. ziehen lassen.

6 Übrigen Joghurt mit Salz und restlichem Ingwer verrühren. Frittata auf einen Teller stürzen, in Tortenstücke schneiden und mit Ingwer-Joghurt servieren.

Klassiker aus Spanien

Kartoffel-Tortilla

700 g überwiegend festkochende Kartoffeln | Salz | 350 g Gemüsezwiebeln | 3 EL Olivenöl | schwarzer Pfeffer | 1 Bund Thymian | ½ Bund Petersilie | 8 Eier | 100 g Sahne | 2 TL edelsüßes Paprikapulver | 1 TL Chiliflakes

Für 4 Personen
45 Min. Zubereitung | 30 Min. Garen
Pro Stück ca. 440 kcal, 18 g EW, 28 g F, 29 g KH

1 Kartoffeln schälen, waschen und in dünne Scheiben hobeln. Kartoffelscheiben in einen Topf geben, mit kaltem Wasser knapp bedecken, 1 TL Salz zugeben, offen aufkochen und ca. 4 Min. köcheln lassen. Dann in ein Sieb abgießen.

2 Die Zwiebeln schälen, längs halbieren und ebenfalls in dünne Scheiben hobeln. In einer tiefen, nicht zu großen Pfanne die Hälfte des Öls erhitzen, die Zwiebeln darin unter Wenden in ca. 3 Min. glasig dünsten. Die Kartoffeln zugeben und vorsichtig untermischen, salzen und pfeffern. Zugedeckt bei kleiner Hitze in ca. 10 Min. garen.

3 Thymian und Petersilie waschen, trocken schütteln und hacken. Eier und Sahne in einer Schüssel verschlagen, mit Salz, Pfeffer, Paprikapulver und Chiliflakes kräftig würzen. Kräuter unterrühren. Den Kartoffel-Zwiebel-Mix unter die Eiermasse mischen.

4 Übriges Öl in einer tiefen Pfanne (24–26 cm Ø) erhitzen, die Kartoffel-Eier-Masse darin zugedeckt bei mittlerer Hitze in 25–30 Min. stocken lassen. Die Tortilla auf eine Platte stürzen, in Tortenstücke schneiden, mit einem gemischten Salat servieren.

SERVIER-TIPP

Für Tapas die Tortilla in einer großen Pfanne (28–30 cm Ø) backen und abkühlen lassen, dann in Würfel schneiden und mit Oliven oder je 1 Petersilienblatt garnieren.

Klassiker aus Spanien

Spinat-Tarte ohne Boden

Diese Tarte kommt ohne Teigboden aus, braucht dadurch weniger Zeit und ist perfekt für Überraschungsgäste! Und sie schmeckt heiß, lauwarm oder kalt.

1 rote Zwiebel
2–3 Knoblauchzehen
20 g Butter
500 g grob gehackter TK-Blattspinat
Salz | schwarzer Pfeffer
frisch geriebene Muskatnuss
6 Eier | 100 g Crème fraîche
100 g Frischkäse (16 % Fett i. Tr.)
125 g frisch geriebener Parmesan
1–2 TL edelsüßes Paprikapulver
1 TL Chiliflakes
Butter für die Form
2 EL Semmelbrösel für die Form

Für 1 Tarteform (28 cm Ø)
35 Min. Zubereitung | 45 Min. Backen
Bei 4 Personen pro Portion ca. 470 kcal,
29 g EW, 36 g F, 8 g KH

1 Zwiebel und Knoblauch schälen und fein hacken. Die Butter in einem Topf zerlassen, die Zwiebel darin 3–4 Min. andünsten. Knoblauch zugeben und ca. 1 Min. mitdünsten. Den unaufgetauten Spinat hinzufügen und zugedeckt aufkochen, dann offen bei kleiner Hitze ca. 2 Min. köcheln lassen, dabei öfter umrühren. Den Spinat mit Salz, Pfeffer und Muskat würzen, in eine Schüssel umfüllen und bis zur Verwendung abkühlen lassen.

2 Den Backofen auf 160° vorheizen. Eine Tarteform mit Butter einfetten und mit den Semmelbröseln ausstreuen. Die Eier mit Crème fraîche und Frischkäse verrühren und den Parmesan untermischen. Die Eiermasse mit Salz, Pfeffer, Paprikapulver und Chiliflakes kräftig würzen. Den abgekühlten Spinat unter die Eiermasse mischen.

3 Die Spinatmasse in die Form geben und glatt streichen. Im heißen Backofen (Mitte, Umluft 140°) ca. 45 Min. backen. Die Tarte herausnehmen und sofort in Stücken servieren. Dazu passt Romanasalat mit Vinaigrette oder Tomatensalat.

SERVIER-TIPP

Die Tarte abkühlen lassen, in kleine Würfel schneiden und mit je 1 Klecks Ziegenjoghurt und/oder ½ Kirschtomate garniert als Fingerfood servieren.

VARIANTE – ZWIEBEL-TARTE

700 g Gemüsezwiebeln schälen, längs halbieren und in schmale Streifen schneiden. 2 EL Butterschmalz in einer großen Pfanne erhitzen, die Zwiebeln darin glasig dünsten und beiseitestellen. Die Tarteform wie im Rezept beschrieben einfetten und mit Semmelbröseln ausstreuen. 6 Eier mit je 100 g Crème fraîche und Frischkäse verrühren. Die Eiermasse mit Salz, Pfeffer, frisch geriebener Muskatnuss und nach Belieben mit Kümmel würzen. 150–200 g Bergkäse reiben. 125 g Käse und 2 EL Schnittlauchröllchen unterrühren. Die Zwiebeln unter die Eiermasse mischen. Die Mischung in die Form geben. Im heißen Ofen (Mitte) bei 160° (Umluft 140°) ca. 45 Min. backen. Die Tarte nach Belieben ca. 10 Min. vor dem Ende der Garzeit mit übrigem Käse bestreuen und backen, bis der Käse verlaufen und goldbraun ist.

1

2

3

norddeutsche Spezialität

Eiersülze

Ein herzhafter Klassiker, der ein wenig Zeit braucht, doch dabei so köstlich ist, dass die Mühe rasch vergessen ist. Ein ideales Rezept zur Resteverwertung!

9 Blatt weiße Gelatine
½ Bund Petersilie
500 ml kräftige Rinderbrühe
100 ml Reisessig (oder Obstessig)
2 TL Zucker
Salz
schwarzer Pfeffer
Cayennepfeffer
6 Eier
250 g gekochter Schinken (oder Braten-aufschnitt)

Für 1 Kastenform (1,5–1,8 l Inhalt, ca. 12 Scheiben)
50 Min. Zubereitung
1 Std. Kühlen | 6 Std. Gelieren
Pro Scheibe ca. 110 kcal, 11 g EW, 6 g F, 1 g KH

1 Die Gelatine in kaltem Wasser ca. 5 Min. einweichen. Inzwischen die Petersilie waschen, trocken schütteln und grob hacken. Die Hälfte der Brühe in einem Topf aufkochen. Die Gelatine ausdrücken, in die Brühe geben und darin vollständig auflösen. Restliche Brühe und Essig zugeben. Die Brühe mit Zucker, Salz, Pfeffer und Cayennepfeffer kräftig würzen. Die Petersilie unterrühren und die Brühe ca. 30 Min. in den Kühlschrank stellen.

2 Eine Kastenform kalt ausspülen. Etwa 100 ml von der Brühe in die Form gießen (Bild 1) und im Kühlschrank in ca. 30 Min. fest werden lassen. Inzwischen die Eier in ca. 7 Min. hart kochen, dann abkühlen, pellen (s. S. 5) und in Scheiben schneiden. Den Schinken in Stücke schneiden.

3 Eier und Schinken abwechselnd in die Form schichten (Bild 2), dabei immer mit etwas Brühe aufgießen, bis alle Zutaten aufgebraucht sind. Die Sülze in den Kühlschrank stellen und in 4–6 Std. (besser über Nacht) vollständig fest werden lassen.

4 Die Sülze aus der Form lösen, dazu die Form kurz in heißes Wasser stellen. Sülze in Scheiben schneiden, mit Bratkartoffeln und Kräuterquark, Sauce tartare (s. S. 42) oder Remoulade servieren.

UND DAZU?

Bratkartoffeln: 700 g Pellkartoffeln vom Vortag in Scheiben schneiden. 2 große Pfannen erhitzen, darin je 1 EL Butterschmalz schmelzen lassen, die Kartoffelscheiben nebeneinander (nicht überlappend) hineinlegen und bei mittlerer Hitze braten, bis die Ränder goldbraun sind. Dann die Kartoffelscheiben wenden und in ca. 5 Min. fertig braten. Mit Salz und Pfeffer würzen.
Kräuterquark: 200 g Magerquark mit 100 g Schmand oder Crème fraîche in einer Schüssel verrühren. Mit 1 TL Dijon-Senf, Kräutersalz und Pfeffer würzen. 4 Stiele Petersilie und 2 Stiele Dill waschen und trocken schütteln, die Blätter und Dillspitzen fein hacken. ½ Beet Gartenkresse abschneiden, waschen und trocken tupfen. Kräuter und Kresse unter den Quark rühren. Statt der frischen Kräuter können Sie auch 1 Päckchen TK-6-Kräutermischung verwenden.

für Gäste

Roastbeef mit Sauce tartare

Für besondere Anlässe was Extrafeines: Roastbeef ist ein Klassiker, der immer ankommt. Und mit einer selbst gemachten Sauce tartare dazu ist der Genuss perfekt.

1 kg Roastbeef am Stück
Salz | schwarzer Pfeffer
2 EL Dijon-Senf | 2 EL Butterschmalz
2 Eier
6 Sardellenfilets (in Salz oder Öl eingelegt)
2 EL Salzkapern
½ Bund Petersilie
40 g Cornichons (aus dem Glas)
200 g Mayonnaise (s. S. 64, oder aus dem Glas)
150 g saure Sahne
3–4 TL Zitronensaft
Meersalz (z. B. Fleur de Sel)

Für 4 Personen
⌚ 45 Min. Zubereitung | 1 Std. 30 Min. Garen
Pro Portion ca. 850 kcal, 64 g EW, 64 g F, 5 g KH

1 Den Backofen auf 100° vorheizen. Das Fleisch von Sehnen befreien. Wenn die Fettschicht sehr dick ist, etwa die Hälfte entfernen. Die verbliebene Fettschicht rautenförmig einritzen, dabei nicht ins Fleisch schneiden. Das Fleisch salzen, pfeffern und rundum mit Senf bestreichen.

2 Das Butterschmalz in einer Pfanne erhitzen, das Fleisch darin bei großer Hitze von allen Seiten (auch die Enden) jeweils ca. 2 Min. scharf anbraten (mit einer Küchenzange lässt sich das Fleisch gut halten).

3 Das Fleisch mit der Fettseite nach oben auf den Rost legen, ein Fleischthermometer seitlich in die dickste Stelle stechen. Den Rost und ein Backblech darunter in den Ofen (Mitte) schieben und das Roastbeef in 1–1 Std. 30 Min. garen, bis die Kerntemperatur für rosa gebratenes Roastbeef 56° beträgt.

4 Inzwischen die Eier in ca. 7 Min. hart kochen, dann abkühlen (s. S. 5). Die Sardellenfilets abspülen (falls in Salz eingelegt) oder abtropfen lassen (falls in Öl eingelegt), trocken tupfen und fein hacken. Die Salzkapern kalt abbrausen, trocken tupfen und hacken. Die Petersilie waschen, trocken schütteln und sehr fein hacken. Die Cornichons ebenfalls sehr fein hacken. Die Eier pellen, halbieren, die Eigelbe herauslösen und anderweitig verwenden. Die Eiweiße sehr fein hacken.

5 Mayonnaise und saure Sahne mit dem Schneebesen glatt rühren. Sardellen, Kapern, Petersilie, Cornichons und Eiweiß untermischen. Die Sauce mit Salz, Pfeffer und Zitronensaft abschmecken.

6 Das Fleisch aus dem Backofen nehmen, quer zur Faser in Scheiben aufschneiden und die Schnittflächen mit etwas Fleur de Sel bestreuen. Das Fleisch mit der Sauce tartare anrichten.

GUT ZU WISSEN

Wenn von der Sauce etwas übrig bleibt, kann man sie am nächsten Tag mit Resten von dem kalten Roastbeef zu Brot servieren. Sie passt auch gut zu Sülze und gebackenem oder paniertem Fisch. Für Vegetarier kann die Sauce ohne Sardellen mit Pell- oder Bratkartoffeln, gegrillten Zucchini oder Auberginen kombiniert werden.

vegetarisch

Tomaten-Eier-Curry

Zwiebeln, Tomaten und kräftige Gewürze schaffen einen wunderbaren Kontrast zu den sanften Eiern. Dieses Curry schmeckt mit Naanbrot, einem indischen Fladenbrot.

2 rote Zwiebeln | 2 Knoblauchzehen
1–2 grüne Chilischoten
1 Bund Koriandergrün | 30 g frischer Ingwer
3 EL Ghee (oder Butterschmalz)
2 EL Tomatenmark
2–3 TL Currypulver
3 Dosen stückige Tomaten (à 400 g Inhalt)
2 Lorbeerblätter
Salz | schwarzer Pfeffer
8 Eier | ½ TL braune Senfkörner
1 TL Schwarzkümmel

Für 4 Personen | 55 Min. Zubereitung
Pro Portion ca. 310 kcal, 18 g EW, 20 g F, 12 g KH

1 Zwiebeln und Knoblauch schälen. Zwiebeln grob und Knoblauch fein hacken. Chilischoten längs halbieren, entkernen, waschen und fein hacken. Koriandergrün waschen und trocken schütteln. Die Blätter abzupfen und beiseitelegen, die Stiele klein hacken. Den Ingwer schälen und fein reiben.

2 2 EL Ghee in einem Wok erhitzen, die Zwiebeln darin ca. 4 Min. andünsten. Knoblauch, Chili und Korianderstiele zugeben und ca. 30 Sek. mitbraten. Tomatenmark und Currypulver hinzufügen und unter Rühren anrösten, bis es duftet. Mit Tomaten ablöschen, Ingwer und Lorbeerblätter zugeben und alles aufkochen. Dann offen bei mittlerer Hitze 15–20 Min. köcheln lassen, dabei öfter umrühren. Die Sauce mit Salz und Pfeffer würzen.

3 Eier in ca. 3 ½ Min. wachsweich kochen (s. S. 5), danach kurz abschrecken und pellen. Die Eier in die Tomatensauce legen. Das übrige Ghee erhitzen, Senfkörner und Schwarzkümmel darin anrösten, bis es duftet. Das Curry anrichten, die gerösteten Gewürze darauf verteilen. Mit Korianderblättern bestreut servieren. Dazu passen Naanbrot (indisches Fladenbrot) und Ingwer-Joghurt (s. S. 36).

VARIANTE – AUBERGINEN-EIER-CURRY

8 Eier wachsweich oder hart kochen (s. S. 5). 400 g Auberginen waschen, putzen und ca. 2 cm groß würfeln, salzen und ziehen lassen. 350 g Gemüsezwiebeln schälen, halbieren und in Streifen schneiden. 2 Knoblauchzehen schälen und hacken. 2 rote Chilischoten längs halbieren, entkernen, waschen und in Streifen schneiden. 3 EL Butterschmalz (oder Ghee) erhitzen, die Zwiebeln darin glasig dünsten. Knoblauch, Chili und 70 g ungesalzene Cashewkerne zugeben und 1–2 Min. mitbraten. Auberginen mit Küchenpapier trocken tupfen, zur Zwiebelmischung geben und das Gemüse unter Rühren 6–8 Min. braten. Mit 2–3 TL Currypulver würzen. 250 ml Gemüsebrühe zugießen und 1 Beutel Instant-Kokospulver (Asienladen) unterrühren, alles aufkochen und offen ca. 5 Min. köcheln lassen. Falls nötig, noch etwas Brühe oder Wasser zugeben. Das Curry mit Salz und Pfeffer würzen. Die Eier pellen, längs vierteln und im Curry erwärmen, dabei vorsichtig wenden. 1 Bund Koriandergrün waschen, trocken schütteln und hacken. Das Curry mit Koriandergrün bestreut servieren.

Desserts & Kuchen

Das Beste kommt zum Schluss, so auch in diesem Buch. Süßes krönt jede Mahlzeit, egal ob ein einfaches Alltagsgericht oder edles Menü. Und ohne Eier würde es die meisten dieser Köstlichkeiten nicht geben. Ob sanft-schaumige Zabaione, luftiges Soufflé, saftiger Kaiserschmarren oder erfrischendes Sorbet – alles gute Gründe, das Ei zu lieben!

Sorbet mit Vanillesauce

125 g Zucker
500 ml Weißwein (z. B. Riesling, oder weißer Traubensaft)
1 EL Zitronensaft | 1 Vanilleschote
250 ml Milch | 3 Eigelb
1 Eiweiß | 100 g Sahne

Für 4–6 Personen
45 Min. Zubereitung | 6 Std. Gefrieren
Bei 6 Personen pro Portion ca. 260 kcal, 4 g EW, 10 g F, 26 g KH

1 75 g Zucker mit 75 ml Wasser in einem Topf aufkochen, bis sich der Zucker gelöst hat. Die Zuckerlösung abkühlen lassen, mit Wein und Zitronensaft in einer Metallschüssel verrühren. Die Schüssel ca. 6 Std. ins Tiefkühlfach stellen, zwischendurch alle 30 Min. mit einer Gabel rühren, damit sich keine groben Kristalle im Sorbet bilden.

2 Die Vanilleschote längs aufschneiden und das Mark herauskratzen. Die Milch mit Vanilleschote und Vanillemark aufkochen und lauwarm abkühlen lassen. Vanilleschote entfernen. Eigelbe mit restlichem Zucker schaumig und hell aufschlagen.

3 Die Vanillemilch nach und nach unter den Eier-Zucker-Schaum rühren. Diese Mischung in einen Topf umfüllen und unter Rühren auf 72°–75° erhitzen (nicht kochen), bis die Sauce dickflüssig ist. Den Topf vom Herd nehmen und die Sauce abkühlen lassen, dabei öfter umrühren. Die Sauce anschließend zugedeckt kalt stellen.

4 Das Eiweiß steif schlagen. Das Sorbet noch einmal kräftig durchrühren, das Eiweiß unterheben. Sorbet in gut gekühlte Gläser füllen und ca. 45 Min. ins Tiefkühlfach stellen. Vor dem Servieren die Sahne steif schlagen und unter die Vanillesauce heben. Die Sauce über das Sorbet löffeln.

luftig und zart

Orangen-Quark-Soufflé

1 Bio-Orange
200 g Magerquark
2 Eier (Größe L)
½ Vanilleschote | ¼ TL Zimtpulver
1 EL Orangenlikör (nach Belieben)
1 Prise Salz
40 g Zucker | 1 EL Puderzucker
weiche Butter und Zucker für die Förmchen

Für 4 Souffléförmchen à 150–200 ml
35 Min. Zubereitung | 20 Min. Backen
Pro Portion ca. 150 kcal, 10 g EW, 4 g F, 17 g KH

1 Die Förmchen einfetten, mit Zucker ausstreuen und kalt stellen. Die Orange heiß waschen, abtrocknen und 2 TL Schale abreiben. Den Quark in einem feinen Sieb abtropfen lassen.

2 Den Backofen auf 200° vorheizen. Die Eier trennen. Die Vanilleschote längs halbieren und das Mark herauskratzen. Quark mit Eigelben, Vanillemark, Zimtpulver, nach Belieben mit Orangenlikör und Orangenschale verrühren. Die Eiweiße mit Salz halb steif schlagen, dann den Zucker einrieseln lassen und weiterschlagen, bis das Eiweiß steif ist.

3 Den Eischnee vorsichtig unter die Quarkmasse heben, die Masse in die Förmchen füllen. Die Förmchen in eine tiefe Auflaufform oder ein tiefes Backblech stellen. Heißes Wasser in die Form oder ins Blech gießen, sodass die Förmchen bis zur Hälfte im Wasser stehen. Im Ofen (Mitte, Umluft 180°) ca. 20 Min. backen. Die Soufflés herausnehmen, mit Puderzucker bestreuen und servieren. Dazu passen Vanilleeis und marinierte Orangenfilets.

zum Dahinschmelzen gut

Gewürz-Schoko-Törtchen

100 g Bitterschokolade (70–75% Kakaoanteil)
100 g kalte Butter
2 Eier | 2 Eigelb
70 g Zucker | 1 Prise Salz
¼ TL Zimtpulver
½ TL gemahlener Kardamom
¼ TL gemahlener Piment
20 g Mehl
weiche Butter und Zucker für die Förmchen
Puderzucker zum Bestäuben

Für 4 Souffléförmchen à 150–200 ml
30 Min. Zubereitung | 20 Min. Backen
Pro Portion ca. 520 kcal, 8 g EW, 39 g F, 36 g KH

1 Die Förmchen einfetten, mit Zucker ausstreuen und kalt stellen. Die Schokolade über dem heißen Wasserbad schmelzen lassen. Die kalte Butter nach und nach unterrühren, bis eine homogene Mischung entsteht. Die Masse abkühlen lassen.

2 Backofen auf 200° vorheizen. Eier und Eigelbe mit Zucker und Salz schaumig und cremig-hell rühren, die Schokoladenmischung nach und nach einrühren. Mit Zimtpulver, Kardamom und Piment würzen. Das Mehl zusieben und untermischen.

3 Die Masse in die Förmchen füllen. Im Ofen (Mitte, Umluft 180°) ca. 20 Min. backen. Wenn sich die Mitte der Törtchen leicht nach oben wölbt, sind sie fertig. Die Törtchen herausnehmen, aus der Form lösen, anrichten und mit Puderzucker bestreuen. Oder die Törtchen mit Puderzucker bestreut in der Form servieren. Dazu passen gut Schokoladeneis und Kirschkompott (s. S. 50).

oben: Orangen-Quark-Soufflé | unten: Gewürz-Schoko-Törtchen

Klassiker mit Schärfekick

Mousse au Chocolat

250 g Bitterschokolade (75–80 % Kakaoanteil) | 2 Eier | Salz | ½ Vanilleschote | 50 g Zucker | 2 EL Kaffeelikör (oder Kaffeesirup) | 1–2 Msp. Cayennepfeffer | 200 g Sahne | 1 EL Puderzucker

Für 4 Personen
40 Min. Zubereitung | 2–3 Std. Kühlen
Pro Portion ca. 590 kcal, 10 g EW, 44 g F, 39 g KH

1 200 g Bitterschokolade in kleine Stücke teilen und die Schokoladenstücke in einer Metallschüssel über dem heißen Wasserbad (s. S. 30) schmelzen lassen. Die Schüssel beiseitestellen und die Schokolade lauwarm abkühlen lassen.

2 Eier trennen. Eiweiße und 1 Prise Salz mit den Quirlen des Handrührgeräts steif schlagen und den Eischnee kalt stellen. Die Vanilleschote längs aufschneiden und das Mark herauskratzen. Eigelbe, Zucker und Vanillemark mit den Quirlen des Handrührgeräts schaumig und cremig-hell rühren.

3 Eigelbcreme, nach Belieben Likör und Cayennepfeffer auf die Schokolade geben und untermischen. Die Sahne steif schlagen. Zuerst die Sahne, dann den Eischnee vorsichtig unterheben. Die Mousse kalt stellen und in 2–3 Std. fest werden lassen.

4 Von der übrigen Schokolade mit einem Sparschäler feine Späne abziehen. Die Mousse mithilfe von zwei Löffeln in Nocken abstechen und anrichten, dazu die Löffel in warmes Wasser tauchen. Den Puderzucker über die Nocken sieben. Die Schokospäne darüberstreuen und die Mousse servieren.

UND DAZU?

Dazu passt Vanillesauce (s. S. 47) oder ein Gewürz-Kirsch-Kompott. Dafür 1 Glas Schattenmorellen (350 g Abtropfgewicht) abgießen und den Saft auffangen. Den Saft mit je ½ Vanilleschote und Zimtstange, 2 Gewürznelken und einem Stück Zitronenschale aufkochen und offen in 10–15 Min. sirupartig einkochen. Gewürze entfernen und die Kirschen im Sirup erwärmen.

raffiniert gewürzt

Espressocreme brulée

40 ml starker Espresso | 5 Eigelb | 80 g Zucker | 1 Vanilleschote | 400 g Sahne | 1 Prise Salz | 1–2 EL brauner Zucker | 1–2 TL Espressopulver

Für 4 flache Auflaufförmchen à 150–200 ml
35 Min. Zubereitung
1 Std. Backen | 4–6 Std. Kühlen
Pro Portion ca. 490 kcal, 6 g EW, 39 g F, 29 g KH

1 Den Espresso zubereiten und beiseitestellen. Eigelbe und Zucker mit den Quirlen des Handrührgeräts verrühren. Die Vanilleschote längs halbieren und das Mark herauskratzen. Das Vanillemark unter die Eigelb-Zucker-Mischung rühren.

2 Sahne, Salz, ausgekratzte Vanilleschote und den Espresso in einen Topf geben und langsam aufkochen. Den Topf vom Herd nehmen und die Sahnemischung ca. 10 Min. ziehen lassen. Die Vanilleschote entfernen. Die Sahnemischung nach und nach unter die Eigelb-Zucker-Mischung rühren. Den Backofen auf 120° vorheizen.

3 Die Sahne-Eier-Mischung durch ein Sieb in die Förmchen füllen. Die Förmchen in ein tiefes Blech stellen. Heißes Wasser bis knapp unter den Rand der Förmchen zugießen. Die Creme im Backofen (Mitte, Umluft 100°) in 50–60 Min. stocken lassen.

4 Die Creme herausnehmen und langsam abkühlen lassen, dann für 4–6 Std. in den Kühlschrank stellen. Die Creme vor dem Servieren gleichmäßig mit dem braunen Zucker bestreuen. Mit einem kleinen Gasbrenner (oder unter dem vorgeheizten Backofengrill) karamellisieren. Die Creme mit Espressopulver bestreuen und sofort servieren.

beliebter Klassiker

Pavlova

1 Vanilleschote | 100 g Zucker
5 Eiweiß (ca. 175 g) | 1 Prise Salz
1 TL Aceto balsamico bianco
100 g Puderzucker | 1 TL Speisestärke
150 g Himbeeren | 150 g Blaubeeren
100 g Schmand | 200 g saure Sahne
30 g gehackte Pistazienkerne (nach Belieben)
Puderzucker zum Bestreuen
Backpapier für das Backblech

Für 4 Personen | 30 Min. Zubereitung
1 Std. 10 Min. Backen | 2 Std. Abkühlen
Pro Portion ca. 430 kcal, 9 g EW, 15 g F, 63 g KH

1 Den Backofen auf 120° (Umluft ungeeignet) vorheizen. Ein Backblech mit Backpapier auslegen. Die Vanilleschote längs halbieren, das Mark herauskratzen und mit Zucker mischen. Die Eiweiße mit Salz halb steif schlagen. Den Zucker einrieseln lassen und weiterschlagen, bis der Eischnee sehr fest ist. Essig unterrühren. Puderzucker und Stärke mischen, darübersieben und unterheben.

2 Baisermasse kreisförmig (ca. 20 cm Ø) und ca. 5 cm hoch auf das Blech löffeln und glatt streichen. Im Ofen (Mitte) 60–70 Min. backen ohne zu bräunen, eventuell mit Backpapier abdecken. Den Ofen ausschalten, die Pavlova bei halb offener Tür in mindestens 2 Std. abkühlen lassen.

3 Vor dem Servieren Beeren verlesen, abbrausen und gut trocken tupfen. Schmand und saure Sahne verrühren und auf der Pavlova verstreichen. Beeren daraufgeben, mit Puderzucker und nach Belieben mit Pistazienkernen bestreuen und servieren.

mit Baiserhaube

Johannisbeerkuchen

3 Eier | 150 g weiche Butter
300 g Zucker | Salz
1 TL abgeriebene Schale von 1 Bio-Zitrone
200 g Mehl | ½ Päckchen Backpulver
700 g Rote Johannisbeeren
100 g Rotes Johannisbeergelee
Butter und 2–3 EL Semmelbrösel für die Form

Für 1 Springform (26 cm Ø, ca. 12 Stücke)
35 Min. Zubereitung | 1 Std. 10 Min. Backen
Pro Stückro ca. 325 kcal, 4 g EW, 13 g F, 47 g KH

1 Den Ofen auf 200° (Umluft ungeeignet) vorheizen. Die Form einfetten und mit Semmelbröseln ausstreuen. Die Eier trennen. Die Eiweiße kalt stellen. Butter, 150 g Zucker und Salz mit den Quirlen des Handrührgeräts schaumig rühren. Eigelbe nach und nach unterrühren. Die Zitronenschale untermischen. Mehl und Backpulver mischen, darübersieben und unter die Eiermasse rühren.

2 Teig in die Form füllen und glatt streichen. Im Ofen (Mitte) ca. 35 Min. backen, gegen Ende der Backzeit eventuell mit Backpapier abdecken.

3 Inzwischen die Johannisbeeren abbrausen, trocken tupfen und abstreifen. Eiweiße mit 1 Prise Salz halb steif schlagen, übrigen Zucker einrieseln lassen und weiterschlagen, bis der Eischnee sehr steif ist. Das Johannisbeergelee glatt verrühren.

4 Ofen auf 170° schalten. Gelee auf den heißen Kuchen streichen, mit einer Schicht Johannisbeeren bestreuen. Übrige Johannisbeeren mit Baiser mischen und die Masse auf dem Kuchen verteilen. Den Kuchen in ca. 30 Min. fertig backen und dabei eventuell mit Backpapier abdecken.

oben: Pavlova | unten: Johannisbeerkuchen

Klassiker | für Gäste

Zabaione mit Erdbeeren

Luftiger kann ein Dessert nicht sein! Es braucht allerdings Ausdauer beim Aufschlagen – ein Aufwand, der sich lohnt. Dafür lassen sich die Erdbeeren gut vorbereiten!

1 Bio-Limette
1 Vanilleschote
100 g Zucker
400 g Erdbeeren
150 ml Dessertwein (z. B. Eiswein, Vin Santo oder Holunderblütensirup)
5 Eigelb (Größe L)
4 Stiele Zitronenmelisse (oder Minze)

Für 4 Personen
30 Min. Zubereitung | 1 Std. Marinieren
Pro Portion ca. 280 kcal, 5 g EW, 8 g F, 36 g KH

1 Die Limette heiß waschen und abtrocknen, die Schale abreiben und 1–1 ½ EL Saft auspressen. Die Vanilleschote längs halbieren und das Mark herauskratzen, die Schote anderweitig verwenden (s. Tipp).

2 Für die Marinade Limettensaft, die Hälfte des Zuckers und Vanillemark in einen Topf geben und unter Rühren leicht erwärmen, bis sich der Zucker gelöst hat. Den Limettensirup abkühlen lassen.

3 Die Erdbeeren abbrausen, abtropfen lassen und putzen. Die Beeren je nach Größe halbieren oder vierteln und mit dem Limettensirup beträufeln. Die Erdbeeren in den Kühlschrank stellen und ca. 1 Std. ziehen lassen, dabei öfter umrühren.

4 Den Dessertwein in eine Metallschüssel gießen und über dem heißen Wasserbad (s. S. 30) erwärmen, dann unter Rühren die Eigelbe zugeben und auf 72°–75° erhitzen (am besten ein Küchenthermometer verwenden). Den restlichen Zucker nach und nach einrieseln lassen, dabei mit dem Schneebesen weiterrühren. Nach 8–9 Min. ist die Zabaione cremig und feinporig schaumig. Den Topf vom Herd nehmen und die Zabaione ca. 1 Min. weiterschlagen. Die Erdbeeren mit der Zabaione anrichten. Zitronenmelisse waschen und trocken schütteln, das Dessert damit dekorieren.

VARIANTEN

Den Dessertwein können Sie nach Geschmack ersetzen: Für eine Apfel-Zabaione 100 ml Apfelsaft und 50 ml Apfelschnaps (z. B. Calvados) mischen und wie beschrieben aufschlagen. Die Zabaione mit Apfelkompott anrichten und mit Zimtpulver bestreuen.
Für eine etwas süßere Sherry-Zabaione 50 ml Mandellikör (z. B. Amaretto) und 100 ml Sherry (medium-dry) mischen und wie beschrieben aufschlagen. Zabaione statt mit Erdbeeren beispielsweise mit italienischem Mandelgebäck (z. B. Amarettini) servieren.
Für eine Kokos-Zabaione 100 ml Orangensaft, 50 ml Kokoslikör und 1–2 TL Limettensaft mischen, wie beschrieben aufschlagen und beispielsweise mit Mango- oder Papaystückchen anrichten und servieren.

TIPP – FÜR VANILLEZUCKER

Die ausgekratzte Vanilleschote in ein kleines Schraubglas mit Zucker stecken und zwei Wochen ziehen lassen. Der Zucker nimmt das Vanillearoma an und schmeckt viel intensiver als gekaufter Vanillezucker.

luftig-zart

Salzburger Nockerln

1 Bio-Zitrone | 5 Eiweiß | 1 Prise Salz | 100 g Zucker | 4 Eigelb | 1 Vanilleschote | 20 g Butter für die Form | 1–2 EL Puderzucker

Für 1 Auflaufform (ca. 20 x 30 cm)
35 Min. Zubereitung
Bei 4 Personen pro Portion ca. 240 kcal, 8 g EW, 10 g F, 29 g KH

1 Den Backofen auf 180° vorheizen. Die Auflaufform mit der Butter einfetten. Die Zitrone heiß waschen, abtrocknen und 1 TL Schale fein abreiben.

2 Die Eiweiße mit Salz halb steif schlagen, dabei 30 g Zucker einrieseln lassen und weiterschlagen, bis der Eischnee steif und glänzend ist. Eigelbe und übrigen Zucker mit den Quirlen des Handrührgeräts cremig-hell aufschlagen. Die Vanilleschote längs halbieren und das Mark herauskratzen. Vanillemark und Zitronenschale untermischen.

3 Die Hälfte des Eischnees mit einem Teigschaber unter die Eier-Zucker-Masse mischen, dann den restlichen Eischnee vorsichtig unterheben.

4 Die Masse in 3 Hügeln in die Form häufen und sofort im Backofen (Mitte, Umluft 160°) 6–7 Min. backen, bis die Nockerln leicht gebräunt und innen noch weich sind. Die Nockerln herausnehmen, mit Puderzucker bestreuen und sofort servieren.

UND DAZU?

Dazu passen frische gemischte Beeren mit Puderzucker bestreut und Minze garniert, selbst gekochtes Apfelkompott oder die marinierten Erdbeeren von Seite 54 (Rezept Zabaione mit Erdbeeren).

beliebter Klassiker

French Toast

2 Eier | 125 ml Milch | 1 Prise Salz | ½ TL Zimtpulver | 8 Scheiben Toast | 30 g Butter | 1–2 EL Puderzucker | Zimtpulver zum Bestreuen

Für 4 Personen | 20 Min. Zubereitung
Pro Portion ca. 240 kcal, 7 g EW, 12 g F, 25 g KH

1 Eier mit Milch, Salz und Zimtpulver in einem tiefen Teller verrühren. Das Toastbrot entrinden, von jeder Seite ca. 15 Sek. in die Eiermilch drücken.

2 Die Butter in zwei großen Pfannen schmelzen lassen, bis sie schäumt. Die Toasts darin auf jeder Seite in 2–3 Min. goldbraun braten. Mit Puderzucker und Zimtpulver bestreut sofort servieren.

VARIANTEN

Den Toast nicht mit Puderzucker bestreuen, sondern mit Ahornsirup, Agavensirup oder Akazienhonig beträufeln. Oder mit Apfelmus und Rübensirup anrichten. Auch hart gewordener Honigkuchen lässt sich so zubereiten.

Klassiker aus Österreich

Kaiserschmarren

30 g Sultaninen | 50 ml Rum (oder Apfelsaft) | 4 Eier | 60 g Zucker | 1 Prise Salz | Mark von 1 Vanilleschote | 300 ml Milch | 150 g Mehl | 50 g Butter | Puderzucker zum Bestreuen

Für 4 Personen | 30 Min. Zubereitung
Pro Portion ca. 450 kcal, 13 g EW, 19 g F, 56 g KH

1 Sultaninen mit Rum mischen und ziehen lassen. Ofen auf 180° vorheizen. Eier trennen. Eiweiße sehr steif schlagen. Eigelbe, 40 g Zucker, Salz und Vanillemark schaumig schlagen. Erst Milch, dann nach und nach Mehl unterrühren. Eiweiße steif schlagen und vorsichtig unterheben. 25 g Butter in einer ofenfesten Pfanne zerlassen, Teig zugeben, glatt streichen, mit Sultaninen bestreuen. Im Ofen (Mitte, Umluft 160°) in ca. 15 Min. goldgelb backen. Herausnehmen, mit zwei Gabeln in Stücke reißen. Übrige Butter und restlichen Zucker daraufgeben und unter Wenden schmelzen lassen. Sofort mit Puderzucker bestreut servieren.

braucht etwas Zeit

Bayerische Creme mit Himbeersauce

Bayerische Creme oder Crème »Bavaroise« ist seit Jahrhunderten beliebt. Hier wird sie mit Tonkabohne aromatisiert, die dem Dessert einen feinen Bittermandelduft gibt.

Für die Creme:
200 ml Milch
1 Tonkabohne (aus dem Gewürzladen oder 2 EL Mandelsirup)
1 Vanilleschote | 1 Prise Salz
5 Blatt weiße Gelatine | 3 Eigelb
4 EL Zucker | 200 g Sahne
Für die Himbeersauce:
300 g Himbeeren (frisch oder TK)
100 g Puderzucker | 2 Stiele Minze

Für 4 Personen | 35 Min. Zubereitung
30 Min. Gelieren | 2–3 Std. Kühlen
Pro Portion ca. 430 kcal, 8 g EW, 22 g F, 48 g KH

1 Milch in einen Topf geben. Die Tonkabohne klein hacken. Vanilleschote längs halbieren und das Mark herauskratzen. Mark und Schote, Salz und Tonkabohne zur Milch geben.

2 Die Milch erhitzen, aber nicht kochen lassen. Den Topf vom Herd nehmen und die Milch ca. 30 Min. ziehen lassen. Die Milch abseihen und wieder erhitzen, aber nicht kochen lassen.

3 Die Gelatine in kaltem Wasser ca. 5 Min. einweichen. Eigelbe und Zucker in eine Metallschüssel (oder einen Schlagkessel) geben und über dem heißen Wasserbad (s. S. 30) mit dem Schneebesen schaumig rühren, bis der Zucker vollständig aufgelöst ist. Nach und nach die warme Milch unterrühren und auf 72°-75° erhitzen (am besten ein Küchenthermometer verwenden).

4 Gelatine ausdrücken und unter die Eiermasse rühren, bis sie sich vollständig aufgelöst hat. Die Schüssel (oder den Schlagkessel) auf ein eiskaltes Wasserbad stellen, die Creme unter Rühren abkühlen lassen und beiseite stellen. Die Sahne steif schlagen. Wenn die Creme nach ca. 30 Min. zu gelieren beginnt, die Sahne unterheben. Die Creme in Gläser füllen und abgedeckt 2–3 Std. kalt stellen.

5 Frische Himbeeren verlesen (TK-Himbeeren auftauen lassen), einige Himbeeren ganz lassen und beiseitelegen. Den Rest mit Puderzucker pürieren. Himbeerpüree durch ein Sieb streichen. Die Minze waschen, die Blätter abzupfen und trocken tupfen.

6 Die Bayerische Creme mit der Himbeersauce anrichten, mit den beiseitegelegten Himbeeren und Minzeblättern dekorieren und servieren.

VARIANTE – MIT MANGOSAUCE

Im Winter schmeckt anstelle der Himbeersauce auch eine Mangosauce dazu: Dafür 2 kleine reife Mangos (z. B. Alphonso) oder eine größere Mango schälen, das Fruchtfleisch vom Kern schneiden, grob würfeln und mit dem Pürierstab fein pürieren. Falls die Mango Fasern enthält, das Püree durch ein Sieb streichen. Die Sauce je nach Süße der Mango mit einigen Spritzern Limettensaft und/oder 1–2 TL Akazienhonig abschmecken.

Zum Gebrauch
Damit Sie Rezepte mit bestimmten Zutaten noch schneller finden können, stehen in diesem Register zusätzlich auch beliebte Zutaten wie **Käse** oder **Kräuter** – ebenfalls alphabetisch geordnet und hervorgehoben – über den entsprechenden Rezepten.

DIE GU-QUALITÄTS-GARANTIE

Liebe Leserin, lieber Leser,
wir möchten Ihnen mit den Informationen und Anregungen in diesem Buch das Leben erleichtern und Sie inspirieren, Neues auszuprobieren. Alle Informationen werden von unseren Autoren gewissenhaft erstellt und von unseren Redakteuren sorgfältig ausgewählt und mehrfach geprüft. Deshalb bieten wir Ihnen eine 100 %ige Qualitätsgarantie. Sollten wir mit diesem Buch Ihre Erwartungen nicht erfüllen, lassen Sie es uns bitte wissen. Sie erhalten von uns kostenlos einen Ratgeber zum gleichen oder ähnlichen Thema. Wir freuen uns auf Ihre Rückmeldung, auf Lob, Kritik und Anregungen, damit wir für Sie immer besser werden können.

GRÄFE UND UNZER Verlag
Leserservice
Postfach 86 03 13
81630 München
E-Mail:
leserservice@graefe-und-unzer.de

Telefon: 0800 – 723 73 33*
Telefax: 0800 – 501 20 54*
Mo–Do: 8.00–18.00 Uhr
Fr: 8.00–16.00 Uhr
(gebührenfrei in Deutschland)*

Ihr GRÄFE UND UNZER Verlag
Der erste Ratgeberverlag – seit 1722.

Projektleitung: Melanie Haizmann
Lektorat: Maryna Zimdars
Korrektorat: Mischa Gallé
Layout, Typografie und Umschlaggestaltung: independent Medien-Design, Horst Moser, München
Satz: Liebl Satz+Grafik, Emmering
Herstellung: Miriam-Jana Eberwein
Reproduktion: Repro Ludwig, Zell am See
Druck: Firmengruppe APPL, aprinta druck, Wemding
Bindung: Firmengruppe APPL, m.appl, Wemding
Syndication: www.jalag-syndication.de

ISBN 978-3-8338-2888-1

2. Auflage 2013

Umwelthinweis
Dieses Buch ist auf PEFC-zertifiziertem Papier aus nachhaltiger Waldwirtschaft gedruckt.

GRÄFE UND UNZER

Ein Unternehmen der
GANSKE VERLAGSGRUPPE

Die Autorin
Bettina Matthaei, Kochbuchautorin und Fachjournalistin (Mitglied im Food Editors Club), hat eine besondere Leidenschaft für Gewürze. Sie hält Vorträge und veranstaltet Workshops zu diesem Thema. Ihre aromatischen Gewürzmischungen kann man online unter www.1001gewuerze.de bestellen.

Der Fotograf
Wolfgang Schardt kann seine Liebe für Essen und Trinken beruflich ausleben. In seinem Studio in Hamburg fotografiert er vor allem Food, Stills und Interieur für Magazine wie FEINSCHMECKER, für Verlage und Werbung. Tatkräftig unterstützt von Janet Hesse setzte er auch die Ei-Rezepte ins rechte Licht, für das Styling war Susanne Walter verantwortlich.

Bildnachweis
Titelfoto: Eising FoodPhotography (Martina Görlach), München; alle anderen Fotos: Wolfgang Schardt, Hamburg

Titelbildrezept
Eier alla Saltimbocca mit ganzen Eiern (S. 12)

www.facebook.com/gu.verlag

Die Temperaturangaben bei Gasherden variieren von Hersteller zu Hersteller. Welche Stufe Ihres Herdes der jeweils angegebenen Temperatur entspricht, entnehmen Sie bitte der Gebrauchsanweisung. Bei Elektroherden können die Backzeiten je nach Herd variieren.

Mayonnaise Grundrezept

Mayonnaisen basieren auf einer Eigelb-Öl-Emulsion. Egal, welche Variante Sie zubereiten: Wichtig fürs Gelingen ist, dass alle Zutaten zimmerwarm sind.

1 frisches Eigelb
1 ½ TL Dijon-Senf
175 ml geschmacksneutrales Öl (s. rechts)
1 TL Zitronensaft
Salz
weißer oder schwarzer Pfeffer

Für 4 Personen | 10 Min. Zubereitung
Pro Portion ca. 410 kcal, 1 g EW, 45 g F, 0 g KH

1 Das Eigelb und den Senf in einer Schüssel mit dem Schneebesen glatt rühren (Bild 1).

2 Etwa die Hälfte des Öls tropfenweise dazugeben (Bild 2) und so lange rühren, bis sich alles verbunden hat. Dann das übrige Öl in dünnem Strahl hinzufügen, dabei ständig weiterrühren. (Das gelingt auch mit einem Pürierstab und einem hohen Rührbecher, s. Variante rechts.) Die Mayonnaise (Bild 3) mit Zitronensaft, Salz und Pfeffer würzen.

GUT ZU WISSEN

Für die Zubereitung von Mayonnaise eignen sich neutrale Öle, z. B. Rapsöl, Traubenkernöl, Sonnenblumenöl, Maiskeimöl, Distelöl oder Erdnussöl. Olivenöl ist in der Regel zu kräftig im Geschmack. Sie können aber für ein feines Aroma einer fast fertigen Mayonnaise zum Beispiel 1–2 EL Olivenöl unterrühren.

VARIANTE – MIT GANZEM EI

Für eine Blitz-Mayonnaise 1 frisches Ei mit 1 ½ TL Dijon-Senf in einem hohen Rührbecher glatt rühren. Die Hälfte des Öls tropfenweise mit dem Pürierstab untermixen. Sobald die Masse fester wird, das Öl unter weiterem Mixen in dünnem Strahl zugeben. Die Mayonnaise mit 1 TL Zitronensaft, Salz und Pfeffer würzen. Mit Eigelb und Eiweiß gelingt die Mayonnaise viel leichter. Sie hat eine cremige Konsistenz und ist durch den Eiweißanteil auch etwas kalorienärmer als Eigelb-Mayonnaise.